내 이름을 불러주오

천도薦度... 망자와 산자의 새 출발 ——

내 이름을 불러주오

—— 문은식

빛으로 온 영혼이 잊고 있던 빛을 다시 찾는 과정
가만히 영혼들의 마음에 귀 기울이면, 느낄 수 있는 빛의 세계

맑은샘

목차

다시는 천도재를 지내지 않기로 결심하고 천도재를 모셨던 공간을 모두 도자기로 채웠었다. 30여 년 세월을 영혼들을 위해 기도하고 축원했던 순간들이 파노라마처럼 스치고 지나갔다. 하지만 이제는 더 큰 일들이 파도처럼 밀려오고 시간도 부족하여 천도재는 졸업하고 싶었다.

그런데 이게 무슨 일인가? 그러면 그럴수록 천도재 문의와 의뢰는 정말 큰 파도처럼 밀려왔다.

"소장님, 저희 집안은 꼭 해주셔야 합니다. 제발 부탁드려요."

"매일 악몽에 시달리고 무서워서 못 살겠어요. 부디 살펴주소서."

"이런 이치를 모를 때는 그냥 지나갈 수 있었지만, 알고도 어떻게 모른 척한답니까? 도저히 마음이 불편해서 못 살겠어요. 한 번만 지내주세요."

그렇게 천도재를 더는 지내지 않겠다고 결심한 이후 더 많은 간청

이 몰려들었다. 마치 보이지 않는 강한 에너지의 끌림처럼 나를 움직이고 있었다.

"그래요, 지냅시다. 어차피 내가 해야 할 일인데 기쁘게 다시 시작합시다."

그렇게 마음을 되돌린 후 도자기로 채웠던 공간은 다시 천도재를 모시는 위패들로 가득했다. 그리고 나는 더 우렁찬 목소리로 영가들을 위해 천도법문薦度法門을 읽고 독송讀誦을 하고 축원을 올렸다.

20대 초반 아무것도 모르고 마치 하늘의 명령처럼 다가왔던 백마고지에서의 천도재. 그 이후 내 삶 속에 나의 영혼 속에 천도재는 가장 중요한 공부였고 수행이었다. 수많은 영혼과 소통하고 그 사연을 하나하나 풀어내고 정화하면서 더 깊게 진리에 다가설 수 있었다.

마치 천년만년 살 것처럼 으스대는 사람들이 어느 순간 위패 속에 영혼으로 다가올 때, 나는 더욱 겸허하게 우주의 진리와 삶의 섭리를 탐구할 수 있었다. 천도재는 단순한 종교의례나 예의범절이 아니다. 그것은 한 영혼이 다시 근원으로 돌아가 빛으로 돌아올 수 있도록 진리의 길로 안내하는 깊고 깊은 마음공부의 과정이었다.

나는 새로운 마음으로 이 길을 다시 선택하면서 그동안 내가 경험하고 알았던 영혼들과의 소통을 꼭 책으로 남겨야겠다고 다짐했다. 그리고 시간을 쪼개고 얻어 기억 속 생생하게 존재하는 영혼들을 불러들였다. 그런 과정을 통해 그들과 울고 웃고 진리에 다가서면서 내가 가장 놀라운 축복을 받았다는 사실을 다시 한 번 깨달을 수 있었다.

"내가 그들을 천도시킨 것이 아니라 그들이 나를 천도시켰구나. 그리고는 다시 한번 가슴 속 저 깊은 곳에서 묵직한 울림이 올라왔다. 그래, 나에게는 이 길이 소명이고 선택이고 빛이지."

2023년 8월 7일
호심재에서 두둥실 흰 구름 떠 있는 하늘을 보면서

✳

1부

죽은
사람들이
말을 걸다

피맺힌 영혼들의 절규!

"문 병장님, 혹시 천수경千手經이라는 게 뭡니까?"
"천수경?"

김 일병은 눈을 동그랗게 뜨고는 조심스럽게 나에게 물었다.

"그거 우리 법회 때 가끔 외웠던 불경이잖아."
"그렇습니까?"

나는 그날도 상승암에서 불교 종교행사를 주관하고 뒷정리를 하고 있었다. 상승암은 백마고지 근처의 작은 법당이다. 30여 명의 장병이 일요일마다 찾아와 불교 법회를 보곤 했다. 나는 원래 대대장을 모시는 당번병이라는 임무를 수행하고 있었다. 그런데 불교 법회를 주관할 사람이 없어서 얼떨결에 군종병 역할을 같이 맡았다. 낡은 벙커를 개조해 만든 소박한 법당에서 GOP 경계 근무에 지친 장병들을 위해 나름대로 최선을 다해 법회를 진행했었다.

"그런데, 저기…….'
"뭔데, 무슨 고민 있니?"

나는 그냥 김 일병이 고민 상담을 요청하는 줄만 알았다. 내가 법당 뒷정리를 하는 동안 김 일병은 소대로 복귀하지 않고 계속 법당 언저리를 맴돌고 있었다. 대개 그런 병사들은 군 생활에서 겪는 어려움이나 고민에 대해 상담하고 싶어 하는 경우가 많았다. 나는 법당에 나온 지 한두 번밖에 되지 않았던 김 일병이 무슨 고민 상담을 요청하는 줄만 알았다.

"그게, 천수경을 꼭 읽어 달랍니다."
"누가?"
"저기, 피 흘리는 군인들이 말입니다."

나는 법당을 정리하다 말고 그를 똑바로 봤다. 김 일병의 얼굴은 하얗게 질려있었고 눈에는 뭔지 모를 공포가 안개처럼 스며있었다.

"도대체 무슨 소리야? 누가 피를 흘리고…… 누가 천수경을 읽어 달라고 해?"
"그게, 그러니까…….'

김 일병은 떨리는 목소리로 조심스럽게 이야기를 털어놓기 시작했다.

김 일병은 몇 달 전부터 계속 이상한 일을 겪고 있었다.

"정말 눈을 찔러가면서 정신을 차리려고 아무리 노력해도 백마고지 근처 초소에만 가면 잠이 밀물처럼 쏟아져 내리는 겁니다. 그래서 저도 모르게 깜박 잠이 들면 어디선가 사람들 아우성치는 소리와 비명이 막 들리고……."

전에 GPO 경계 근무를 설 때 전혀 그런 일이 없었다. 그런데 서너 달 전부터 몇몇 초소에 들어가면, 알 수 없는 힘에 의해 자기도 모르게 깜박 잠이 들었다. 그러면 어김없이 말로 다 표현할 수 없는 외침과 처절한 비명이 들렸다. 놀라서 깨면 얼이 빠진 사람처럼 온몸에 힘이 풀려 걷는 것도 힘들었다.

"그렇게 계속 잠깐 잠든 사이에 이상한 꿈을 꿨는데, 얼마 전에는 온몸에 피를 뒤집어쓰고 괴로워하는 사람들이 나타나기 시작했습니다."

"혹시 군인들이야?"

"네! 처음에는 잘 몰랐는데, 푸른색 옷을 입고 있는 군인들이었습니다."

나는 머리끝부터 발끝까지 소름이 돋았다. 김 일병과 나는 잠시 아무 말도 못 하고 멍하게 서로 바라보고만 있었다.

"피를 얼마나 흘리던지. 너무 끔찍하고 무서웠는데, 그중에 나이가 좀 들어 보이는 사람이……."

김 일병을 사시나무 떨듯 몸을 부들거렸다. 나는 김 일병의 어깨를 다독여주었고 그는 힘겹게 다음 말을 이어갔다.

"그, 나이 먹은 군인 아저씨가 말하길, 우리가 여기서 너무 억울하게 죽었으니, 자기들을 위해 천수경을 읽어달라고 했습니다."

나는 그제야 모든 내막을 알 수 있었다. 김 일병은 원래 불교 법회에 나오던 병사가 아니다. 그런 이상한 현상을 경험하면서 몹시 힘들었다고 했다. 처음에는 본인이 정신병에 걸린 줄 알았다고 했다. 그래서 헛것이 들리고 보이는 것으로 생각했다. 하지만 똑같은 일을 계속 겪으면서 뭔가 묘한 사명감 같은 것을 느꼈다고 했다. 그리고 무엇보다 꿈에서 그 아저씨로부터 "천수경"이라는 세 글자를 또렷하게 들었다.

그는 원래 군에 올 때까지 불교와 전혀 관련이 없었다. 그리고 법회도 참석하지 않았기 때문에 천수경이라는 불경을 꿈에서 처음 알았다. 처음에는 계속 꾸었던 악몽의 하나라고 생각하고 잊어버리려고 했다. 그러나 잊어버리려고 하면 할수록 꿈속에 더 많은 사람이 찾아왔다. 몸서리치게 절박하고 큰 목소리로 천수경을 읽어달라고 울부짖었다.

"아무래도 천도재를 지내야겠어."
"천도재가 뭡니까?"
"여기 백마고지는 6·25 당시 가장 치열했던 격전의 현장이잖아. 저 작은 고지 하나를 서로 빼앗기 위해 아군, 적군 할 것 없이 수만 명이 죽었어. 그 원혼들을 어떻게 해서든 위로해 드려야지."
"그럼 저도 천도재에 매주 참석하겠습니다."

20대 초반의 두 젊은이에게 천도재는 너무 생경한 단어이다. 하지만 불교에 '불' 자도 모르는 장병이 꿈을 통해 천수경을 읽어달라는 메시지를 받았다는 것은 분명 예사로운 일이 아니었다. 나도 그리고 김일병도 묘한 기운에 휩싸이기 시작했다. 그리고 일종의 사명감 같은 강한 에너지를 동시에 느끼고 있었다. 나는 그때부터 자료를 찾고 공부를 시작했다. 비록 천도재에 대해 무지하고 별다른 것을 준비할 수 없는 상황이었지만 마음으로라도 그 소리에 응답해야 했다.

그분들은 자신의 청춘을 산산이 부수고 인생을 속절없이 불태워 한 줌 먼지가 되었다. 그 상실의 먼지가 쌓여 백마고지를 되찾았고 그 위에 평화의 깃발이 나부낀다. 적어도 그 백마고지를 마주 보고 있는 상승암에서 편안히 대화를 나눌 수 있는 나와 김 일병은 도저히 외면할 수 없었다.

　나와 김 일병의 나이에 죽어야만 했던 피맺힌 영혼들의 절규!

정말 고맙소, 보답하리다

김 일병은 약간 떨리는 손으로 불단에 향을 올렸다. 김 일병이 향을 사르고 나면 작은 법당 상승암은 은은하고 고풍스러운 향기로 가득했다. 나는 그 향기의 자취를 느끼며 깨끗하고 정성스러운 마음으로 천도재를 시작했다.

"백마고지 전투 희생 호국 영가들이시여~ 그 아픔과 원통함을 이제는 다 풀어버리시고~"

그렇게 우리는 매주 일요일 법회마다 천도재를 모셨다. 30여 명의 장병과 함께 정성스럽게 천수경을 읽어 드렸다. 그리고 간절한 마음으로 정성스럽게 쓴 기도문을 낭독했다. 천도재를 지내기 전에 장병들에게 자세히 취지 설명을 했기 때문에 함께 한 모든 인연이 숙연한 마음으로 재식을 진행했다.

"문 병장님, 참 묘한 일입니다."

"뭐가?"

"천도재를 지내고 나서부터 딱 사라졌습니다."

"이제는 안 나타나?"

"네! 근무 설 때 잠도 안 오고, 꿈에도 전혀 안 나옵니다."

개구쟁이같이 해맑은 김 일병의 표정을 보면서 나도 참 신기했다. 그렇게 매일 밤 김 일병의 꿈속에 찾아와 울부짖고 아우성치던 군인들이 하루아침에 사라지다니……. 천도재를 시작하자마자 언제 그랬냐는 듯 김 일병은 평온한 일상을 되찾았다.

나는 그 말을 듣고 더더욱 천도재에 온 마음을 다했다. GOP 전방 근무의 특성상 외출을 할 수 없었지만, 다양한 방법으로 공양물을 마련했다. 간부 식당에 취사병으로 근무하는 동기 녀석에게 부탁해서 신선한 과일을 얻어 왔다. 그 대신 나는 시간이 나는 대로 식당 허드렛일을 도와줬다. 피엑스에 가서 음료수나 빵 그리고 과자들도 몇 상자씩 사 두었다. 그리고 천도재 날을 맞이하면 아침 일찍부터 상승암으로 달려가서 기도하는 마음으로 준비한 공양물들을 올렸다. 그리고 천도재를 마치면 장병들과 함께 나눠 먹었다.

"우리가 백마고지 호국영령의 천도재를 모시고 있으니 다들 재주입니다. 그러니 감사한 마음으로 음복합시다."

그렇게 천도재를 지내고 올렸던 공양물을 함께 나눠 먹었다. 그랬더니 법회에 참석하는 사람들이 점점 더 늘어났다. 평소 법회 때 보다 간식을 많이 준다는 소문이 대대 전체에 퍼졌기 때문이다.

"네~ 법사님, 다음 주 일요일 열 시까지 오시면 됩니다."
"그래, 알았네. 음식이랑 나머지 것들은 여기 보살님과 함께 준비할 테니 자네는 따로 신경 쓸 것 없네."

천도재는 원래 일주일에 한 번씩 해서 총 일곱 번을 지낸다. 그래서 7·7 천도재라고 하는 것이다. 나도 그렇게 했다. 여섯 번은 내가 할 수 있는 모든 정성을 총동원해 모셨다. 그런데 마지막 종재는 아무래도 내가 감당할 수 없다고 생각했다. 그래서 사단본부에서 근무하는 법사님에게 연락했다. 그동안에 있었던 일을 상세히 보고를 드리고 종재 때 꼭 와주십사 하는 부탁의 말씀을 드렸다. 당시 사단 군종 참모 겸 사단 법당 주지로 계셨던 법사님께서는 내 이야기를 들으시고는 흔쾌히 허락해주셨다. 더욱이 사단 법당의 보살님과 음식까지 준비해 오신다니 이거야말로 경사 중의 경사다. 호국 영령들께서도 무척 좋아하실 것 같았다. 그뿐만 아니라 천도재에 참석한 병사들과 맛있는 음식을 함께 나눌 생각을 하니 마음이 무척 설레고 뿌듯했다.

"아제아제 바라아제 바라승아제 모지사바하~ 아제아제 바라아제 바라승아제 모지사바하~"

법당 안은 청아한 독경 소리로 가득했다. 평소보다 훨씬 많은 장병이 오밀조밀 모여 앉은 상승암은 금방이라도 터질 듯 뭔지 모를 기운으로 충만했다. 함께하는 독경소리가 얼마나 우렁차고 좋던지 나는 가만히 눈을 감고 그 소리에 잠겨 있었다. 마치 추운 겨울 눈밭을 헤매다 따뜻한 아랫목에 들어간 심경처럼 마음은 깊고 고요했다.

　"정말 고맙소, 정말 고맙소, 꼭 보답하리다."
　"응?"

　눈을 감고 독경 소리에 젖어 있던 나는 내 옆에 앉아 있던 김 일병을 보고 물었다.

　"지금 뭐라고 했어?"
　"아무 말도 안 했습니다."
　김 일병은 한마디를 내뱉고는 다시 독경에 몰입했다.
　"분명히 고맙다고, 뭐라고 했는데……."

　나는 고개를 갸웃했지만 이내 정신을 차리고 천도재에 집중했다. 이윽고 모든 의식을 마치고 보살님이 장만해 온 어마어마한 잔치 음식(장병들 입장에서 보면)을 나눠 먹기 시작했다. 싱싱하고 달콤한 가지가지의 과일들. 김이 모락모락 올라오는 떡과 전, 잡채, 김밥, 특별히 장병들을 위해 사 오신 피자까지. 그날 천도재를 마치고 법당에서 장병들과 함께 음복하던 기억이 바로 몇 시간 전의 일처럼 지금도 생생하다.

법당 안은 마치 한겨울 철원 들녘의 황량함을 품은 듯 허허로웠다. 사단 법사님과 보살님을 배웅하고 모든 장병이 빠져나간 상승암. 나는 쉽게 자리를 뜨지 못하고 우두커니 앉아 있었다. 마치 꿈길을 돌고 돌아 집으로 온 사람처럼 머리가 텅 비어 아무 생각도 할 수 없었다. 난생처음 천도재를 모시고 그 대단원의 막을 내린 지금 이 순간. 작은 소극장에서 땀을 흠뻑 흘리며 공연을 마친 일인극 배우가 쉽게 무대를 떠나지 못하는 심경 같았다. 나는 눈을 감고 쉽게 사라지지 않는 뭔가 모를 깊은 감정에 휘감겼다.

"정말 고맙소, 정말 고맙소, 꼭 보답하리다."
"네?"

나는 깜짝 놀라 눈을 떴다. 얼마의 시간이 지났는지 모를 아득함 속이지만 분명 또렷한 목소리를 들었다. 긴장 이완과 피곤함이 함께 몰려와 잠깐 졸았던 것 같은데, 주변을 둘러봐도 아무도 없었다. 법당 유리창을 통해 들어오는 맑은 햇살 한 줄기만 내 앞을 비추고 있었다.

"도대체 누가?"

내래 이북에서 왔습네다

"운전병! 운전병!"

대대장님의 황급한 목소리가 우리를 흔들어 깨웠다. 운전병은 화들짝 놀라 부랴부랴 전투복을 챙겨 입고 밖으로 뛰어나갔다.

"문 병장! 나 좀 도와줘~"

나보다 몇 달 선임이었던 운전병의 목소리에 다급함이 가득했다. 나는 번개의 속도로 뛰쳐나가 운전병이 작전 차량을 점검하도록 도왔다.

"정 병장님, 도대체 뭔 일이랍니까?"
"빨간 병아리~ 백마고지 GP에서 빨간 병아리를 잡았대!"
"운전병!"

그때 집무실의 문을 박차고 나온 대대장님이 운전병을 불렀다. 운전병은 화들짝 놀라 작전 차량에 시동을 걸었고 대대장님은 차가 있는 곳까지 뛰어와 올라탔다. 그리고는 총알 같은 속도로 어디론가 달려갔다.

　"빨간 병아리? 무슨 GP에서 양계장을 운영하나? 웬 빨간 병아리?"

　그때까지 군사 작전 용어를 잘 몰랐던 나는 고개만 갸웃거리고 아침 일과를 준비하고 있었다.

　"영식아! 빨리 간부 식당 가서 밥 좀 차려와라! 밥을 아주 많이 퍼와~"

　빨간 병아리를 잡았다는 소식을 듣고 비상 출동한 대대장님은 웬 병사 하나를 데리고 오셨다. 긴장한 기색이 역력한 그는 북한군 간부였다. 우리 대대 경계 지역으로 귀순자가 발생한 것이다.
　나는 간부 식당으로 달려갔다. 그리고 취사병에게 말해 있는 반찬, 없는 반찬 다 내놓으라 호령했다. 밥은 그릇에 담을 수 있는 만큼 주걱으로 꾹꾹 눌러 담았다. 커다란 쟁반에 한 상 푸짐하게 차려서 대대장님 집무실로 서둘러 갔다.

　"내래 이북에서 왔습네다. 감사합네다."

자신의 앞에 밥상을 내려놓은 나에게 그는 이렇게 말했다. 난생처음 북한 사람과 눈이 마주친 나는 신기하기도 하고 약간 겁도 났다. 그도 마찬가지였다. 목숨을 걸고 DMZ를 넘어 귀순한 북한군 간부의 눈빛도 몹시 흔들리고 있었다.

"빨간 병아리가…… 북한군 상좌 안진우였구나."

당번실로 돌아온 나는 뭔가에 홀린 듯 얼떨떨했다. 그리고 갑자기 천둥 벼락에 머리가 쪼개지는 듯 전율이 온몸을 휘감았다.

"정말 고맙소, 정말 고맙소, 꼭 보답하리다."

상승암 법당에서 천도재를 모두 마치고 들었던 음성이 떠올랐기 때문이다.

당시 사단장이었던 김석재 소장은 부임하자마자 GOP 경계 근무를 하는 모든 부대에 명령을 하달했다. 북한군 귀순자를 한 명 유도하라는 내용이다. 그것이 사단장의 취임 일성이고 가장 중요한 작전 명령이었다. 아군과 적군이 총부리를 마주하고 있는 휴전선 일대에서 북한군의 귀순은 곧 대박이다. 최고의 전과요 전공을 세우는 일이다. 그래서 철책을 지키는 모든 부대는 두 가지 소원을 품고 작전을 펼친다. 북한군 귀순자를 얻거나 땅굴을 발견하거나.

사단장의 지시뿐만 아니라 이런 상황을 누구보다 잘 알고 있었던 대대장님은 순찰을 다녀온 이른 새벽이면 어김없이 교회에 들러 기도했다.

"하나님, 전지전능하시다면서요. 그러니 우리 대대 지역으로 북한군 귀순자 한 명만 보내주세요."

대대장님은 매일 새벽 교회에서 이렇게 간절히 기도했다. 그러던 어느 날 빨간 병아리 그것도 계급이 높은 간부가 우리 지역으로 귀순을 했다. 나는 그에게 처음으로 밥을 차려다 주는 영광 아닌 영광을 경험했다.

그 일이 있은 후 사단장은 승승장구 진격의 장군이 돼서 별을 네 개나 달았다. 연대장을 비롯해 우리 부대도 표창을 받았다. 그야말로 경사가 터진 것이다.

나는 이 모든 일을 바로 곁에서 지켜보면서 다시 백마고지를 바라보았다. 대대장 집무실 옆에 백마고지를 훤하게 볼 수 있는 관측소를 시간이 있을 때마다 올랐다. 왜냐면 이 모든 결과가 천도재를 모신 호국영령들의 은혜라는 것을 잘 알았기 때문이다. 자신들의 피맺힌 아픔을 병사를 통해 호소했던 그분들의 영혼. 그리고 그 메시지를 받들어 정성스럽게 천도재를 모신 병사들. 거기에 대한 보답으로 자신들의 존재를 더욱 드러낸 영혼들. 이 모든 것은 결코 우연이 아니었다.

우주에 우연은 없다. 모든 것은 그러해야만 할 이유가 있는 필연일 뿐이다.

나는 그때부터 영혼과 천도에 대한 깊은 관심이 생겼다. 그리고 그것은 내 운명을 바꾸는 결정적 계기였다. 지금으로부터 30여 년의 일이지만 마치 어제처럼 생생한 백마고지 영혼들과의 소통. 나는 그때부터 지금까지 일 년에 수십 번 백마고지를 찾는다.

언니가 찾아왔어요

"선생님~ 언니가 찾아왔어요. 언니가~"

전화기 넘어 흐느끼는 그녀의 목소리는 부엉이 울음처럼 얼음처럼 차가운 겨울밤을 조각내고 있었다.

"언니가 너무 서럽대요. 왜 이제 찾느냐고……. 그동안 뭘 하고 이제야 나를 찾느냐고, 너무 서럽게 울어서 저도 함께 밤새 울었어요."

정심 씨는 결혼을 앞두고 있었다. 늦은 나이에 어렵게 만난 신랑과 아름다운 미래를 꿈꾸고 있었다. 원래는 결혼에 관한 생각이 전혀 없었다고 한다. 부모가 늘 싸우고 서로 벌레 보듯이 하는 집안에서 자란 탓이다. 서로 원망하고 싫어하며 어쩔 수 없이 살았던 부모님. 말끝마다 서로를 향해 욕설과 독한 소리로 상처에 소금을 발랐던 엄마와 아빠. 그 밑에서 늘 가슴을 졸이며 살았던 정심 씨는 결혼하고 가정을 꾸리는 것은 곧 지옥의 문으로 스스로 들어가는 짓이라 믿었다.

그래서 좋은 남자들이 접근해도 시궁창에 빠진 생쥐 바라보듯 했다. 하지만 운명의 실이 서로의 새끼손가락을 묶었던 것일까? 결혼 적령기를 훌쩍 넘긴 그녀에게 한 사람이 나타났다. 사실 조건을 따지자면 전에 관심을 보였던 남자들의 발뒤꿈치에도 못 미쳤다. 그런데 그는 묘한 마력으로 그녀의 마음을 흔들어 깨웠고 둘은 한여름 태양보다 더 뜨거운 사랑의 길동무가 되었다. 무엇보다 그는 자상하고 따뜻했다. 심장 속에 화로를 품고 있는 것만 같았다. 그의 마음속 화로는 정심 씨가 부모님의 감정적 굴레에서 벗어날 수 도와줬다. 그녀에게 그는 긴 장마 후에 맞이하는 햇살처럼 고마운 존재였다.

그런데 이상한 일이 벌어지기 시작했다. 정심 씨가 그와 함께 결혼하기로 결정한 날부터 심한 불면증에 시달렸다. 원래 베개에 머리를 대자마자 잠들었던 그녀였다. 늘 많은 업무를 처리하느라 수면이 부족한 탓에 저녁에 퇴근 후 세수를 하고 나면 얼굴에 물기가 마르기도 전에 잠들었다. 그리고 눈을 뜨면 다음 날 아침이었다. 그런데 더는 잠을 잘 수도 숙면을 취할 수도 없었다.

잠자리에 들기만 하면 불안함과 서글픔이 파도처럼 밀려왔다. 평소에 우울증을 앓은 것도 아닌데 이상할 정도로 마음이 불편했다. 괜히 눈물이 주르륵 흐르고 공포에 휩싸이기도 했다. 처음에는 스트레스를 받나 싶었지만, 회사 일이나 주변 상황에 특별할 게 별로 없었다. 결혼 준비 때문인가 하는 생각도 들었지만, 문제는 전혀 없었다.

남자 친구가 워낙 자상하고 따뜻한 데다가 시댁에서도 그녀의 입장이나 의견을 전폭적으로 수용해주었다.

"이제는 회사 일이 전혀 손에 잡히지 않아요. 단순히 불면증만 심해진 게 아니라 하루에도 수없이 회사를 때려치우고 싶은 충동이 일어나요. 정말 만족하면서 다닌 회사거든요."

그녀는 그동안 있었던 일들을 구구절절 풀어놓았다. 불면증이 일어나기 시작한 이후 회사 업무에 집중을 못 한다고 했다. 무엇보다 걱정스러운 것은 결혼을 잘 준비하고 있던 남자 친구와 갈등이 심해지는 것이었다. 결혼을 준비하는 과정에서 남들도 다 지지고 볶고 아옹다옹 싸운다고는 하지만 그런 차원의 통과의례는 분명 아니었다.

"남자 친구랑 전혀 말이 통하지 않아요. 처음에는 불면증 이야기로 시작했는데 느닷없는 일들이 끼어들어서 도대체 말이 통하지 않습니다. 그런데 생각해보면 정말 일 같지도 않은 일들이고 서로 다툴 이유가 전혀 없는 하찮은 것들이거든요. 도대체 뭘 어떻게 해야 할지 너무 답답하고 불안해요. 그리고 잠은 점점 더 못 자구고요."

그녀의 음성은 피곤함과 불안함으로 밤안개처럼 낮게 깔려 있었다.

"저, 혹시 가족이나 가까운 사람 중에 자살하거나 사고 등으로 요절한 일이 있나요?"

　나는 조심스럽게 그녀에게 물었다. 하지만 돌아온 것은 침묵
뿐…….

　"조심스럽긴 한데 그래도 제가 느끼는 바가 있어서 물어본 거예
요. 솔직히 말해주세요."

　한동안 머뭇거리던 그녀가 천천히 입을 열었다.

　"자살한 언니가 있어요. 저하고 제일 친했었거든요. 결혼해서 아
이 둘 낳고 잘 사는 줄 알았는데 형부가 도박에 빠지는 바람에…….
조카 둘을 남겨두고, 그냥 떠났어요."

　그 이야기를 듣자마자 나는 단호하게 말했다. 지금 당장 천도재를
지내야 한다고. 그랬더니 정심 씨는 난처한 기색이 역력했다. 언니가
떠나고 난 후 어머니가 지극정성으로 천도재를 모셔드렸다는 것이다.

　"정심 씨~ 주변을 둘러보면 위염에 걸려서 고생하는 사람들이 많
이 있지요?"
　"네~ 저도 불면증 이후 역류성 식도염이 재발해서 많이 힘들어요."
　"그런데 의사가 모든 환자에게 똑같은 처방만 하면 어떻게 될까

요? 하루 세 번 2이 주 동안 드세요. 뭐 이런 식으로 말이죠.”

“사람마다 증상도 다르고 건강상태도 각양각색인데 어떻게 똑같이 천편일률적으로 처방을 하겠어요. 환자 특성에 맞춰 치료해야지요.”

“영혼도 마찬가지예요. 천도재 한 번에 모든 상처와 아픔을 치유하고 좋은 곳으로 가는 영혼도 있지만 그렇지 않은 영혼도 정말 많아요.”

그때서야 정심 씨는 내 말을 알아들었다. 그리고 자살한 언니에 대해 정성껏 천도재를 모시기로 했다. 그런데 첫 번째 재를 모시기 전에 언니가 꿈에 나타났던 것이다. 훌쩍 떠난 후 단 한 번도 꿈에서 볼 수 없었던 언니가 불현듯 나타났다. 그리고는 서럽게 울며 왜 이제야 찾느냐고 통곡했다.

“정심 씨~ 혹시 언니한테 빚진 게 있나요?”
“빚이요?”
“언니가 자꾸 이제는 마음속 빚을 내려놓으라고 해서요.”

천도재를 끝마칠 즈음 나는 조심스럽게 말했다. 왜냐면 재를 지낼 때마다 마음속에서부터 이제는 빚을 내려놓으라는 음성과 메시지가 계속 올라왔기 때문이다. 내 말을 듣자 정심 씨는 펑펑 울기 시작했다. 한동안 온몸으로 슬픔과 회한 그리고 죄책감의 눈물을 홍수처럼 쏟아냈다.

"사실은 언니가 돈을 빌려 달라고 했었어요. 형부가 도박에 빠져서 가산을 탕진할 즈음, 아이들 키우고 살림을 해야 하니까 경제적으로 너무 힘들었대요. 카드 돌려막기도 한계에 닿았다면서 일을 해서 줄 테니 오백만 원만 빌려 달라고 부탁을 했었거든요."

하지만 그 당시 정심 씨도 형편이 어려웠다고 했다. 몸이 불편하신 부모님의 생활비를 보내고 있었고 더더욱 믿고 투자했던 돈을 떼이게 생겼던 상황이었다. 하지만 마음만 먹으면 오백만 원 정도는 다른 데서 융통해서라도 빌려줄 수 있었다고 한다.

"돈을 빌려주지 않았군요. 그래서 언니가 떠난 후 부탁을 들어주지 않은 것에 대한 죄책감이 무거웠군요?"
"네. 제가 언니를 죽음으로 내몬 것 같아서……. 그깟 오백만 원이 뭐라고."
"그 죄책감 때문에 더더욱 언니를 외면하고 마음속에서 애써 지우려고 했겠네요."

정심 씨는 서럽게 목 놓아 울었다. 그리고 언니를 위해 천도재 비로 오백만 원을 올렸다. 나는 그중에 천도재 비용을 제외하고 나머지 금액을 모두 언니 이름으로 좋은 곳에 기부했다.
그렇게 정성과 진심을 다해 천도재를 모신 후 정심 씨는 원래의 일상으로 돌아왔다. 불면증도 거짓말처럼 사라졌다. 사랑하는 신랑과 훈훈한 결혼식을 올렸고 지금까지 아들, 딸 낳고 잘살고 있다. 그뿐만 아니라 남편과 상의해서 남겨진 조카 둘의 학비를 계속 보내고 있다.

이 일은 내가 20대 중반에 경험한 일이다. 나는 백마고지에서 호국영령 천도재를 지내면서 영혼과의 교감과 천도에 대해 눈을 떴다. 그리고 정심 씨의 언니를 천도시키면서 진정한 의미의 영적 치유에 대해 깊은 관심을 두기 시작했다.

유산한 아기와 돌아가신 외할머니

"나 물어볼 게 있는데…….."
"뭔데?"
"아기를 유산하면 어떻게 해야 해?"

누나의 갑작스러운 전화였다. 나는 전화를 받자마자 유산한 사람
이 누나 자신이라는 것을 알았다.

"언제 유산했어?"
"며칠 전에…….."
"혹시 무슨 꿈이나 평소에 안 하던 경험한 적 있어?"
"아니 그게…….."

첫 아이를 유산한 누나의 목소리는 지치고 힘이 없었다. 하지만
그것보다 무엇을 어떻게 해야 할지 모르는 두려움이 더 컸다.

사실 누나는 아이를 간절히 바라고 있었다. 그러던 어느 날, 낮잠을 늘어지게 자다가 꿈을 꾸었다. 누가 초인종을 눌러서 문을 열어줬더니 돌아가신 외할머니가 들어오셨더란다. 아주 활짝 웃는 얼굴로 들어오셨는데 누나는 갑작스러운 외할머니의 등장에 깜짝 놀라 잠이 깼다. 그런 후에 아이가 들어섰다.

외할머니는 우리 남매를 무척이나 아끼고 사랑하셨다. 당신의 친손자들보다도 오히려 외손자인 우리를 애지중지하셨다. 특히 엄마가 먹고살기 위해 어린 삼 남매를 두고 직업 전선에 뛰어들었을 때 우리를 돌봐주신 분이다. 거의 5년의 세월을 외할머니와 한방에서 살았다. 그러니 그 정이 얼마나 깊으랴. 그런 외할머니는 내가 중학교 2학년 때 돌아가셨다. 영원한 이별이 된 것이다.

그런데 누나는 외할머니의 꿈을 꾸고 나서 몹시 싫었다고 한다. 아이가 들어선 것은 정말 좋은 소식이다. 하지만 그 아이가 외할머니 영혼이라면 달갑지 않았다.

"외할머니가 오셨는데 왜 그렇게 싫어했어?"
"외할머니는 평생 고생만 하다 가셨잖아. 외할아버지한테 맨날 구박받고, 팔남매 키우면서 한만 쌓다가 효도 한 번 제대로 못 받고 서럽게 돌아가셨잖아."

그랬다. 외할머니 인생은 그야말로 한의 멍에를 지고 돌밭을 가는 암소 같은 팔자였다. 자식 중에 제대로 성공하거나 외할머니를 따뜻하게 봉양한 사람 하나 없었다. 그래서 오히려 할머니를 잘 따르는 우리를 더욱 예뻐하셨다. 그런 박복한 외할머니가 자기의 아이로 온다는 사실이 누나는 너무 싫었다고 한다. 비록 외할머니와의 정은 깊지만, 그 인생의 처절함을 알기에 누나의 깊은 무의식이 거부한 것이다.

"그렇게 거부하니 유산했지. 외할머니가 얼마나 서럽게 다시 쫓겨 가셨겠어. 어디 갈 데도 없으실 텐데."
"그럼 어떻게 해야지?"
"뭘 어떻게 해. 천도재를 모셔야지."

그 이후로 온 집안 식구가 정성을 다해 외할머니를 위한 천도재를 모셨다. 일주일에 한 번씩 일곱 번의 재를 모시는 동안 나는 간절히 기도했다. 외할머니를 거부한 누나를 용서하시고, 다시 우리 곁으로 오시라고.
천도재를 마치고 얼마 안 있어 누나는 다시 임신했다. 난 그 아이가 외할머니라는 사실을 본능적으로 직감했다. 왜냐면 외할머니 꿈을 내가 꾸었기 때문이다. 그 후에 누나가 아이를 가졌다.

"어머나, 세상에. 애가 왜 이렇게 좋아하지? 남자는 정말 싫어하는데."

"남자를 싫어해?"

"아빠가 얼굴을 디밀어도 울고불고 난리를 친다니까. 그런데 왜 너만 보면 이렇게 실성한 사람처럼 방실거리고 웃지?"

세상 밖으로 나온 조카는 낯을 심하게 가렸다. 그중에서도 남자들을 아주 싫어했다고 한다. 갓난쟁이지만 남자와 여자를 정확하게 구분했는데, 그중에서 남자들을 보면 엄청난 괴성으로 울음보를 터트렸다. 그런데 유독 나만 보면 방실방실 꽃처럼 웃었다. 그러니 누나도 신기하다고 연신 웃음을 터트렸다.

그때는 외할머니 꿈 이야기를 누나에게 하지 않았다. 자신도 모르게 다시 무의식에서 거부할 수 있기 때문이다. 그러나 나중에 이야기해보니 누나는 천도재를 지내면서 외할머니에게 깊은 용서를 빌었다고 한다. '내가 어리석고 좁은 마음에 외할머니를 밀어내서 정말 죄송하다.' 참회했다. 그러니 마음을 푸시고 천도재가 끝나면 다시 자신에게 오시라고 기도했단다.

그 아이가 무럭무럭 자라 지금은 청년이 되었다. 이 일은 내가 20대 후반에 겪은 일이다. 나는 이 경험을 통해 단순한 천도가 아닌 윤회의 실천에 대해 깊은 탐구와 사색에 젖어 들었다.

그만하면 됐어요, 이제 갑니다

내가 30대 초반 즈음 전주에서 근무할 때의 일이다. 정숙 씨의 집안은 어느새 폭탄 맞은 배추밭 꼴이 되었다. 하나뿐인 아들은 전북지역 최고의 명문고인 전주고등학교 수재였다. 3년 내내 전교 1등을 단한 번도 놓치지 않았다고 한다. 그런데 대학을 졸업한 후 10년째 사법고시생으로 지냈다. 수재 소리를 듣던 잘생긴 학생은 거짓말처럼 사라지고 머리가 다 빠진 초라하고 궁색한 모습의 노총각으로 변해있었다. 무엇보다 깊은 우울증으로 자해를 여러 번 했다고 한다.

엎친 데 덮친 격이랄까? 설상가상이라고 할까? 남편이 일하다가 사기를 당해 가산을 탕진했다. 그리고는 막걸리만을 홀짝거리며 백수로 지낸 지가 5년이라 한다. 살림살이는 흥부가 적선해줄 만큼 빈궁해졌다. 그래도 한때는 괜찮게 살았던 집안이 하루아침에 생 거지꼴이 되었다.

하지만 고통은 여기서 끝나지 않았다. 정숙 씨 본인이 교통사고를 당했는데. 다행히 목숨에는 지장이 없었다. 하지만 교통사고 트라우

마는 정신적으로 그녀를 너무 힘들게 했다. 어쩌다 이 여인네는 이런 고달프고 처량한 신세가 된 것일까?

“선생님, 저는 이제 어떻게 살아야 하나요? 정말 기가 막히고 코가 막히고 하루에도 열두 번 죽고 싶은 마음이 들어요. 이제는 눈물도 말라 울 수도 없습니다.”

그녀는 힘없는 눈동자를 이리저리 굴리며 애처롭게 말했다.

“혹시 두 집안 가운에 요절하거나 단명한 사람, 자살하거나 살생을 많이 하다 죽은 사람이 있나요?”
“글쎄요. 그건 왜 물으시죠?”
“아무래도 예삿일이 아닌 거 같아서요. 필시 해원과 천도를 잘해야 풀릴 기운인 듯합니다.”

내 말을 들은 정숙 씨는 그때부터 자신의 친정과 남편 집안을 대상으로 호구 조사를 시작했다. 내가 말한 대로 조상이나 친척들 가운데 아까운 나이에 요절한 사람이나 억울하게 죽은 이, 병사나 객사를 당한 사람, 그리고 살생을 많이 하거나 다른 사람들 원망을 많이 산 인생이 있는지 묻기 시작했다.

“뭘 좀 알아내셨어요?”

"그게……."

정숙 씨는 쉽게 말을 꺼내지 못했다. 겁에 질린 눈으로 나를 물끄러미 바라보고만 있었다.

"사실은 남편 쪽에서……."
"남편분 가족 중에 원한을 품고 죽은 사람들이 있나요?"
"그 반대요……."
"다른 사람들에게 원한을 품게 했나요?"

그랬다. 남편의 원 고향은 전라북도 고창이다. 조상 대대로 그곳에 터를 잡고 살던 지주 집안이었다. 그런데 어느 날 동학혁명이 일어나면서 집안은 난장판이 되었다. 서로 죽고 죽이는 살육의 원한 드라마가 시작되었다.

"동학혁명이 일어나자마자 남편 집안 큰 증조할아버지와 하나밖에 없던 아들이 죽창에 찔려 돌아가셨대요. 그 집의 대가 끊어진 것이죠. 없는 사람들에게 못된 짓을 많이 했던 모양입니다. 그래서 저희 남편의 증조할아버지가 장손이 되셨는데, 형님 원수를 갚겠다고 나중에 동학군 때려잡는데 앞장섰답니다. 얼마나 잔인하게 동학군을 때려죽였는지……. 쇠몽둥이로 산 사람의 머리를 쪼개서 여러 명 죽였대요."

정숙 씨는 손을 벌벌 떨며 공포에 질렸다. 자신도 모르고 있던 까마득한 이야기를 먼 친척 누군가를 통해 듣고는 구역질이 나서 견딜 수 없었다고 한다. 그 집안의 원한 맺힌 사연은 거기서 끝이 아니다. 동학군 토벌에 앞장섰던 증조할아버지는 일본이 조선을 침탈하자 일본 앞잡이 노릇을 하다 실수로 물에 빠져 죽었다고 한다. 할아버지는 6·25 전쟁 당시 피난 중에 돌아가시고, 아버지가 집안을 다시 일으켰다. 그런데 남편 대에 와서 아버지가 물려주신 전답은 물론이고 집안 전체가 폐가가 되기 3분 전에 놓인 것이다.

"어쩌지요. 처음 이야기를 들을 때부터 살생업과 원한이 굉장히 많이 맺혀 있다고 느꼈어요. 방법은 딱 하나뿐입니다. 모든 정성을 다해 천도재를 모시고 대참회를 하는 것이지요."
"천도재를 지내면 얼마나 해야 하나요?"
"백일 정도는 해야지요. 원한의 기운이 아주 강하니까요."
"백일이요?"

나는 정숙 씨에게 백일 동안 매일 천도재를 지내자고 권했다. 그녀는 처음에 몹시 망설였다. 일단 기간이 너무 길어 부담스럽고 재비를 마련할 길이 막막했기 때문이다. 나는 일단 생업이 있어 매일 참석하기 어려우면 일주일에 한 번씩만 오라고 했다. 그리고 재비는 그냥 준비할 수 있는 만큼만 준비하라고 했다. 그렇게 그 집안의 두텁고 무시무시한 원한의 기운을 푸는 백일 동안의 천도재를 시작했다.

"그 정도 했으면 됐어요."

나는 주변을 둘러봤다. 아무도 없이 무거운 적막이 흘렀다. 그런데 입을 전혀 움직일 수가 없었다. 입술에 커다란 바위를 달아놓은 듯 꼼짝을 하지 않았다.

정숙 씨 집안 천도재를 지내면서 나는 매일 한 시간 이상 경전을 독송하고 있었다. 원래 일반 천도재는 대략 한 시간 정도 걸린다. 하지만 이 집안을 위해 내가 할 수 있는 것은 억울한 영혼을 달래기 위해 부처님의 법문과 성인들의 말씀을 읽어드리는 것이 전부였다. 그래서 할 수 있는 한 최대한 경전을 독송하다 보면 거의 두 시간이 걸렸다. 그렇게 21일을 했을 때였다. 독경하려는데 입은 전혀 떨어지지 않았다. 나는 처음에 몸에 이상이 있는 줄 알고 잠시 쉬었다가 다시 시도했다. 그랬더니 마음속에서 이 외침이 계속 올라왔다.

"그 정도 했으면 됐다니까요."

그날의 천도재는 그걸로 마쳤다. 그리고 다음 날부터는 독경 시간을 원래 하던 방식대로 진행했다. 그러니 천도재 시간은 한 시간 안에 끝났다.

"이상하네. 어제까지만 해도 입에 자물통 채운 듯 꼼짝을 안 하더니 이제는 술술 잘 나오네."

묘하고 신기한 일이었다. 그렇게 독경 시간을 줄이니 천도재를 원만히 모실 수 있었다. 그리고 무엇보다 정숙 씨가 급격히 안정을 되찾았다. 그거야말로 다행 중의 다행이었다. 그렇게 50일 정도 정성을 다해 천도재를 지냈을 때였다.

"그 정도 했으면 됐어요. 이제 갑니다."

이런 음성이 마음속에서 올라왔다. 그러더니 다시 입을 굳게 닫아 버렸다. 아무리 독경을 하려고 해도 도저히 내 입이지만, 내 뜻대로 움직일 수 없었다.

그렇게 정숙 씨 집안의 천도재는 백 일을 채우지 않고 50여 일 만에 마쳤다. 천도재를 마치고 나서 조금씩 그러나 강력한 변화가 찾아왔다. 일단 남편이 정신을 차려 작은 일을 다시 시작했다. 그동안 너무 놀았으니 반찬값이라도 번다고 허드렛일부터 시작한 것이다. 가장 많이 변한 것은 아들이다. 아들이 사법고시를 포기하고 공무원 시험으로 마음을 돌린 것이다. 주변에서 귀에 근육이 생기도록 이야기해도 듣지 않던 아들이 스스로 마음을 바꿔 새로운 길을 찾았다.

나는 이런 과정을 지켜보면서 집안의 기운을 치유해야 만사가 풀린다는 것을 절절히 깨달았다. 그리고 그때 가장 근본적이고 중요한 것은 바로 천도재라는 것도 온몸과 마음으로 알 수 있었다.

아파요! 너무너무 아파요!

그것은 통한의 절규였다. 온몸으로 느끼는 냉혹한 칼질이었다. 모든 것을 바스러트리는 무지막지한 손놀림이었다. 그리고 애절한 울음소리를 짓밟는 거친 군홧발이 었다.

천도재를 지내는 동안 나는 몹시 힘들고 괴로웠다. 온몸으로 퍼지는 고통과 마음속에서 올라오는 서러움에 목 놓아 울어버렸다. 재에 참석한 미진 씨는 당황했다. 마치 신들린 사람처럼 내가 온몸을 비틀며 목이 터져라 절규하는 모습에 어찌할 바를 몰랐다.

“아파요! 너무너무 아파요! 내가 너무너무 아프다고요. 더 이상 더 이상 찢지 마세요!”

내 정신은 초롱초롱했다. 의식이 사라진 것도 귀신에 씐 것도 아니었다. 눈이 뒤집힌 것도 마음이 혼란스러운 것도 아니었다. 그래서 더 절절히 그 아픔과 원통한 마음을 온전히 느끼고 있었다.

"도대체 아이를 언제 떼어 낸 겁니까? 팔다리 다 성한 몸이 됐을 때 낙태를 했지요?"

"네, 어쩔 수 없이……."

미진 씨는 고개를 떨구고 눈물을 흘렸다. 너무 사랑하고 좋아했던 한 남자. 그 사람이 남긴 생명의 씨앗. 그러나 미진 씨는 그 씨앗을 가꾸고 피울 수 없었다. 남자는 훌쩍 바람처럼 떠나갔다. 더욱이 미진 씨는 결혼 생활을 하고 있던 유부녀였다. 말하자면 불륜이었다. 가정을 가진 아녀자가 정처 없는 남정네와 바람이 났다. 그것도 몹쓸 바람이…….

"이 세상에 태어나 처음으로 느꼈던 사랑이었어요. 남편과는 생각조차 할 수 없었던 그런 진짜 사랑을요. 여자로서 늘 갈망했던 그런 깊은 감정을 그 사람에게서는 느낄 수 있었어요."

사랑이라는 이름의 환상. 아니 절박함이리라. 어려서 찢어지게 가난한 집안의 큰딸로 태어나 꿈도 희망도 없이 살았던 그녀였다. 중학교를 졸업하자마자 식구들 입 구멍에 쌀 몇 톨이라도 넣어 줘야 하는 상황이었다. 그 짐을 가녀린 미진 씨가 짊어졌다. 그렇게 공순이의 길로 접어들고 어찌어찌 만난 남자를 남편이라 생각하고 살았다. 감정?

사랑? 그런 것은 특별한 드라마 속 주인공들이나 느끼는 사치품. 미진 씨는 하루 삼시 세끼 먹고 사는 것이 유일한 감정이요, 그것이 사랑의 전부였다.

"순식간이었어요. 그 남자를 좋아하고 서로를 느끼기 시작한 것이. 그냥 꿈같았고, 나에게도 이런 경험이 찾아오다니 놀랍고 두렵고 그러면서 다시 설렜죠."

미진 씨는 아이를 낳아 기르고 싶었다. 정말 몸과 마음을 다해 사랑한 남자의 아이를 숨겨서라도 키울 작정이었다.

"그래서 아기가 그렇게 자랄 때까지 품고 있었군요."
"아이가 너무 커져서, 수술을 해주겠다는 병원이 없었어요. 그래서 그냥…… 야매로……. 불법이고 나쁜 짓이라는 것을 알면서도, 어쩔 수 없으니까……."

그렇게 아이는 온몸이 찢겨져 나왔다. 몸도 갈기갈기 그 영혼도 갈가리 찢어져야만 했다.

"그러니 그 아픔이 얼마나 참혹했겠어요. 그 고통이 얼마나 절절했을까요."

나는 미진 씨에게 매주 천도재를 지낼 때마다 편지를 써오라고 했다. 참회의 마음을 담아 그리고 용서를 비는 간절한 편지를 준비시켰다. 그리고 천도재를 올릴 때마다 그 편지를 읽었다. 회한과 참회의 눈물이 강물처럼 흘렀다. 용서를 빌고 아기의 아픔을 어루만지는 손길이 우주 끝까지 닿았다. 아기의 상처받은 몸과 마음에 자신의 영혼이라도 바쳐 치유를 해주고 싶다고 전했다.

"아기가 이제는 떠난답니다. 자기 말을 들어줘서, 자기 아픔을 알아줘서 고맙대요. 아주 잘생긴 남자 아기가 이제야 방실거리며 웃네요. 다시 태어나면 연예인 해도 될 거 같네요."

마지막 천도재를 마치고 내가 그녀에게 건넨 말이다. 나는 그 아기에 대해 전혀 아는 바가 없었다. 오랜 시간 지질한 가난 속에 힘들게 살았던 그녀가 불쑥 낙태한 아기를 위해 천도재를 지내겠다고 했을 때, 나는 아무 조건 없이 그러자고 했다. 그리고 첫 재를 지내면서 그렇게 큰 아기의 고통이 내 몸과 마음에 강렬한 메시지를 전했던 것이다.

"맞아요. 말씀 안 드려도 잘 아시네요. 남자 아기였어요. 제가 생각해도 정말 정말 잘생겼을 거예요. 그 남자가 배우였거든요. 연극 바닥에서 이름 없이 전전하는 사람이지만 정말 잘생겼어요. 혹 아들이 생기면 자신이 못다 한 꿈을, 아들을 통해 꼭 이루고 싶다고 했었는데······."

　나는 그녀의 눈빛을 바라보며 조용히 말했다.

　"그 꿈을 이제는 이뤄야지요."

소장님은 귀신을 보세요?

"소장님은 귀신을 보세요?"

"귀신을 눈으로 보는 건 아니고요, 마음과 에너지로 느끼는 겁니다."

"어떻게 그럴 수가 있어요?"

"마음만 열면 누구나 가능해요."

"근데 어떤 사람들은 귀신을 본다던데요?"

"사람은 사람을 보고, 귀신은 귀신을 보지요."

그동안 수많은 천도재를 지내면서 늘 받는 질문 가운데 하나다. 난 귀신을 눈으로 본 적은 한 번도 없다. 귀신은 쉽게 말해 떠돌아다니는 영혼이다. 영혼은 곧 마음을 뜻한다. 인생이란 육체와 영혼이 함께 오순도순 사는 기간이다. 그러다 때가 이르러 육체와 영혼이 이별한다. 영혼이 떠난 육체는 시체이다. 그리고 육체를 떠난 영혼은 두 갈래의 길에 선다. 좋은 곳으로 가든지, 아니면 떠돌든지. 이때 말하는 좋은 곳이란 여러 의미가 있다. 다시 사람의 몸을 받아 환생하든지 아니면 기독교에서 말하는 천당 같은 곳으로 올라간다. 그런데 그렇게 좋은 곳으로 가지 못하는 영혼들이 있다. 그것이 곧 귀신이다.

귀신은 그렇게 떠돌아다니는 영혼이다. 더 쉽게 말하면 정처 없이 방황하는 마음 즉 의식의 덩어리다. 생각해보라. 마음 자체는 형체도 색깔도 냄새도 자취도 없다. 다만 작용과 기운 즉 에너지가 있을 뿐이다. 그래서 떠돌아다니는 마음의 덩어리인 귀신은 형체도 색깔도 냄새도 자취도 없다. 그런 귀신을 볼 수 있는 것은 귀신뿐이다. 만약 누군가가 귀신을 보았다면 둘 중 하나일 뿐이다. 귀신에 씐 사람이거나 귀신을 보았다는 착각을 믿고 있거나.

그래서 귀신들 이야기는 귀신들 숫자만큼이나 많다. 하지만 진실은 거의 없는 허구요, 지어낸 이야기일 뿐이다. 귀신 냄새를 맡는다거나 귀신을 본다는 방울 흔드는 자매님들도 대부분 영업상 거짓이다. 여름이면 서로 약속이나 한 것처럼 여기저기서 방송하는 납량특집만큼이나 흔하디흔한 이야기로 먹고사는 사람들일 뿐이다.

"그럼 소장님은 어떻게 영혼들과 이야기를 하세요?"

"도반님 마음에 뭔가 하고 싶은 말이 잔뜩 쌓여 있어요. 그러면 어떻게 하죠?"

"누군가라도 붙들고 이야기하죠. 아니면 미칠 거 같으니까요."

"영혼들도 마찬가지죠. 그 마음으로 평생 살았는데, 다만 몸뚱이가 한 줌 흙으로 변해서 더는 입으로 말을 할 수 없을 뿐이에요."

"소장님은 그럼 그런 마음을 느끼시는 거예요?"

"그렇죠. 가만히 영혼들의 마음에 귀를 기울이면 자연스럽게 알 수 있어요. 무슨 말을 하고 싶은 건지."

30여 년의 세월 동안 천도재를 모시면서 나는 많은 영혼의 이야기를 들었다. 때로는 경이롭고 신비한 일도 많았다. 가슴 아프고 서러움에 목 놓아 같이 울기도 했다. 인생길 굽이굽이 누구나 못다 한 이야기한 풀지 못한 감정을 품고 떠난다. 깊은 상처가 있기도 하고 차마 뒤돌아보고 싶지 않은 아픔이 가슴 속에 멍들어 있을 때도 있다. 사랑하는 사람에게 사랑한다고 하지 못할 때의 안타까움이 있고 슬퍼도 슬퍼할 수 없을 때의 가슴 통증이 있다. 행복한 일은 행복한 대로, 좌절과 불행했던 일들은 그것들대로 다 마음에 자국과 그림자를 남긴다. 그런 것들이 영혼들이 훌쩍 날아올라 좋은 곳으로 가는 것을 가로막는 무거운 돌덩어리들이다.

그래서 그들은 주변을 서성이고 떠돈다. 하고 싶은 말이 있는데 차마 할 수 없어 방황하고 흔들거리며 우리와 함께 지내고 있다.

나는 그들이 하고 싶은 말을 들어주는 사람일 뿐이다. 그 일을 오래 하다 보면 정말 마음속 깊게 깨닫는 진실 하나가 있다. 마음속 이야기를 들어 준다는 것이 얼마나 위대한 기적을 만드는지를.

나는 영혼이나 귀신을 볼 수는 없다. 그러나 그들을 느낄 수 있다. 늘 열린 마음으로 망자들이 무슨 이야기를 하고 싶은지 진실하게 묻고 진심으로 듣는다. 그리고 언제나 소중한 메시지를 그들로부터 받는다. 그들이 하고 싶은 말을 온 마음으로 들을 수는 있다. 왜? 우리는 원래 하나니까.

2부

내
이름을
불러주오

바람을 피웠네~ 바람을 피웠네~

집안 전체 조상이나 인연을 대상으로 천도재를 모실 경우, 뜻하지 않은 사연들이 튀어나온다. 미연 씨 집안도 그랬다. 미연 씨는 진실하고 착한 사람이다. 가족을 위해 정성을 다하는 전형적인 현모양처이다. 그런 미연 씨가 집안 전체 조상을 대상으로 천도재를 지내 달라고 부탁했다.

"도반님 쪽, 그러니까 친정 조상들과 남편 쪽 시댁 조상들은 올릴 수 있는 만큼 올리시고요, 가까운 사람이나 인연 중에 마음에 걸리는 사람도 함께 명단을 적어주세요."
"이름을 모를 때에는 어떻게 하나요?"
"아무개의 삼촌, 홍길동의 작은 엄마, 이런 식으로 적어주세요."

그렇게 미연 씨 집안의 양가 조상 인연 합동 특별 천도재를 시작했다. 그런데 미연 씨는 집안에 사정이 있어 참석하지 못했다. 천도재는 재주齋主가 참석하는 것이 제일 좋다. 일곱 번을 모두 참석해 조상들이나 인연의 넋을 위로하고 자신의 무의식도 정화해야 하기 때문이다.

나는 이를 "정곡을 푼다."라고 표현을 하는데, 인생길 굽이굽이 서로 얽히고설킨 마음과 기운을 치유하고 정화한다는 뜻이다. 그렇게 하려면 재를 모시는 사람이 다 참석해야 한다. 하지만 바쁜 현대인의 일상사, 또는 지리적인 거리 때문에 모두 참석하지 못 하는 경우도 많다. 그때는 초재나 종재에는 꼭 오라고 한다. 그런데 미연 씨는 옴짝달싹을 못 하는 상황이었다. 어쩔 수 없이 나 홀로 재를 시작했다.

"저도 불러주세요~ 저도 불러주세요~"

첫 번째 재를 모시는 동안 계속 마음속에서 이런 소리가 들렸다. 어린아이들의 목소리 같았다. 낭랑하고 맑은 목소리로 자기들도 있으니 불러 달라는 음성을 또렷이 감지했다. 나는 재를 마시고 나서 바로 미연 씨에게 전화를 걸었다.

"혹시 올려야 하는데 빠진 사람들이 있나요?"
"없는데요. 양가 모두 샅샅이 뒤져서 다 올렸어요."
"아닌데……. 자기들도 불러 달라고 외치는 영가들이 있는데요. 어린아이들이던데, 혹시 미연 님이 모르는 형제나 어려서 죽은 식구들이 있는지 알아 봐주세요."

"그걸 어떻게 알아봐요?"

"집안 어른들에게 물어보면 알 거예요."

그렇게 통화를 마쳤다. 그리고 며칠 후 미연 씨의 연락이 왔다.

"소장님, 어려서 제 위로 오빠 하나랑 언니 하나가 있었는데, 어렸을 때 죽었답니다."

"그래요? 두 명이 맞나요?"

"네. 아주 어려서 죽었대요. 저는 제가 큰 딸인 줄 알았는데, 위로 둘이 더 있었답니다."

나는 바로 위패에 두 분의 영가를 올렸다. 어려서 죽은 미연의 오빠 영위, 어려서 죽은 미연의 언니 영위.

그렇게 두 분의 영가를 올려드리고 재를 모시니 나도 불러 달라는 아이들의 목소리는 뚝 그쳤다. 두 번째 재를 정성껏 모시고 삼재를 지낼 때의 일일 것이다. 2재 때인지 3재 때인지가 정확하지 않다.

"바람을 피웠네~ 바람을 피웠어~ 나도 불러주세요~ 바람을 피웠네~"

재를 모시고 있는 동안 마음속 메아리는 계속 휘몰아쳤다. 이번에는 아주 미세하고 약한 아이 소리였다. 마치 작은 종달새의 지저귐처럼 앙증맞았지만 뭔지 모를 분노가 섞여 있었다.

"도반님, 무척 죄송한 질문인데요. 혹시 남편이 바람을 피운 적이
있나요?"
"네?"

미연 씨는 깜짝 놀랐다.

"재를 모시는데 자꾸 '바람을 피웠네~ 바람을 피웠어~' 이런 목소
리가 들려서요. 그래서 물어보는 겁니다."
"세상에나 어떻게 그런 일이 있을 수 있나요? 사실은 남편이 예전
에 사업을 하면서 여비서랑 바람이 났어요. 그런데 그사이에 아이가
생겼는데 낙태했다고 하더군요. 한참 후에 저도 알았어요."
"아~ 그 아이 영가였군요. 잘 알았어요."
"소장님은 그런 걸 어떻게 아시나요?"
"원래 집안 전체 천도재를 지내면 너도나도 영혼들이 축복해달라
고 모여들어요. 저는 그 소리를 듣는 심부름꾼이고요."

미연 씨 집안의 천도재는 그렇게 잘 마무리했다.

생각해보면 영혼들이 얼마나 절박했을까 싶다. 예를 들어 몇 날
며칠을 물 한 모금 먹지 못하고 쌀 한 톨 구경을 못 한 사람이 있다고

하자. 그는 오직 굶주린 배를 채우기 위해 눈이 돌아가 여기저기 헤매고 다닐 것이다. 그런데 자기와 인연이 있는 자손이나 친척이 큰 잔치를 연다는 이야기를 들었다. 그러면 그 굶은 사람은 천 리를 마다하고 달려가 잔치에 참석하려 할 것이다. 집안 천도재는 그런 잔치다. 그러니 여기저기서 나도 좀 끼워 달라고 애원하는 것은 지극히 당연한 일이다. 나는 그 당연한 일을 당연하게 실행한다.

✳

아빠의 영혼, 서럽고 답답하다

"소장님~ 저 어떻게 하면 좋아요?"
"무슨 일 있어요?"

나와 함께 마음공부를 깊게 하고 있는 진여 도반이 급하게 연락이
왔다. 그녀의 목소리는 불안함과 당황스러움에 마치 바이올린의 현처
럼 떨리고 있었다.

"아침에 명상하는데, 김현복 씨 마음이 올라와서 너무너무 힘들었
어요."
"많이 울었나요?"
"태어나서 그렇게 서럽게 울어본 적이 별로 없었어요. 저 왜 이런
거예요? 도대체 저한테 왜 이러는 거래요?"

진여 도반은 망자의 넋과 통했다. 김현복 씨는 한창나이에 암으로

세상을 떠난 한 가정의 가장이다. 갑작스럽게 찾아온 병마 때문에 죽음을 대비할 겨를도 없이 훌쩍 떠났다. 그렇게 떠난 그의 그늘에는 아내와 두 딸이 남아 있었다. 그리고 아내 주연 도반과 진여 도반은 나와 함께 마음공부를 하는 도반 사이다. 같이 수업도 듣고 수행을 했기 때문에 친분이 있는 인연이었다.

사실 김현복 씨가 세상을 떠났다고 했을 때 나는 천도재를 제대로 모셨으면 하는 마음이 간절했다. 그 젊은 나이에 아내와 어린 두 딸을 두고 눈을 어찌 감았겠나. 생각해보면 그 서럽고 답답한 회한을 얼마든지 느낄 수 있다. 천도재는 기본적으로 망자의 영혼을 치유하는 의식이다. 억울하고 분하고 섭섭한 감정들을 씻어준다. 답답하고 미안하고 두려운 마음을 달래준다. 세상살이 굽이굽이 돌고 돌 때 자신만이 감내해야 했을 수많은 한과 응어리를 풀어준다. 그리고 남아 있는 가족이나 일, 또는 세상에 다 펼치지 못한 꿈들에 대한 집착을 내려놓게 한다.

그렇기 때문에 젊은 시절에 세상을 떠난 사람일수록 천도재는 정말 최선을 다해 모셔야 한다. 그러나 이 부분에 민감하고 예민한 경우가 많다. 일단 천도재라고 하면 불교 의식으로만 생각해서 종교적으로 거부하는 사람들이 상당하다. 또는 무속인들에게 속아 몇천만 원씩 주고 천도재를 지내는 경우가 있기 때문에 불신의 장벽도 있다. 또는 집안 식구끼리 불화하거나 마음을 모을 수 없을 때는 천도재고 뭐고 그냥 넘어가는 경우가 있다. 그래서 나는 특별한 경우를 제외하고 내가 먼저 천도재를 모시자고 이야기하지 않는다. 오해의 소지가 있기 때문이다.

주연 도반의 남편인 김현복 씨도 마찬가지였다. 세상을 떠났다는 이야기를 듣고 간단히 기도를 올렸을 뿐, 주연 도반에게 천도재 이야기는 일절 하지 않았다.

"소장님은 바보세요. 그런 이야기는 진작 하셨어야죠!"
"알아서 천도재를 모시는 줄 알았지. 이렇게 일 년이 넘도록 방치할 거라 생각을 못 했네요."
"그래서 그런지, 시댁이 완전히 난리가 났었대요."

주연 씨는 시댁 이야기를 전해주었다. 어느 날 시동생이 볼일이 있어서 어딘가를 들렀는데, 우연히 어떤 할머니를 만났다고 한다. 전혀 모르는 사이였는데 갑자기 할머니가 시동생에게 이렇게 물었다.

"혹시 근래에 가까운 사람이 죽었소?"
"네, 우리 형님이 돌아가셨는데요."
"저런! 그랬구먼."
"그런데 왜 그러세요?"
"아니, 왜 죽은 사람이 어깨에 올라타 있어? 어서 썩 내려와!"

할머니는 생면부지의 시동생을 보고 다짜고짜 소리쳤다. 그리고 그날은 아무 데도 가지 말라고 했다. 만약 이 말을 어기면, 교통사고가 나서 큰일을 당할 거라고 엄포를 놓았다고 한다. 시동생은 어쩔 수 없이 계획을 바꿔 집으로 돌아오려고 했는데, 그만 공중화장실에서 갑자기 쓰러져버렸다. 다행히 불행한 일은 당하지 않았지만, 가족들은 가슴을 쓸어내려야 했다.

그뿐만이 아니다. 시어머니 꿈에는 김현복 씨가 너무 안 좋은 모습으로 찾아왔다. 한두 번도 아니고 계속 죽은 아들이 꿈에 보이고 집 안에 우환이 계속 찾아왔다. 시어머니는 너무 힘들고 괴로워 어찌할 바를 몰랐다. 그러다 궁리 끝에 무당을 불러서 굿을 해야겠다고 생각했다고 한다.

김현복 씨를 떠나보내고 누구도 천도재 지낼 생각을 안 했던 모양이다. 시댁의 종교 때문이라고 한다. 그런데 어느 순간부터 김현복 씨의 어머니가 죽은 아들과 관련한 악몽을 꾸기 시작했다. 그러면서 점점 집안에 우환이 생겼다고 한다. 그러다보니 불안한 마음에 무당을 들여 굿을 해야겠다고 생각했던 모양이다. 아무튼 그렇게 김현복 씨를 떠나보내고 이 집은 일 년 동안 가지가지의 풍파를 겪고 있었다.

"소장님, 그런데 김현복 영혼이 왜 저에게 이야기한 거예요?"

"자기랑 가까운 인연들은 전혀 천도재나 영혼에 대한 인식이 없으니까, 그나마 마음을 열고 있는 진여 도반을 찾아 도움을 청한 거지요."

일종의 SOS였다. 자기 아내의 도반인 진여 도반에게 김현복 영혼은 어떤 마음과 감정으로 죽음을 맞았는지 다 알려 주었다. 진여 도반은 그 절절한 감정을 온몸과 마음으로 전부 느꼈다. 그리고 그 사연을 주연 도반에게 그대로 알렸다. 그리하여 김현복 씨를 떠나보낸 지 일 년 후 천도재를 모시게 되었다.

"서럽고 답답해요~ 너무 서럽고 답답해요."

천도재를 모시는 동안 내 마음속에 울려 퍼진 외침이다. 아마도 김현복 씨가 가장 많이 느낀 감정이었을 거다. 그리고 그것은 고스란히 에너지 덩어리가 되어 가족들 주변에 머물러 있었다.

가족들은 나를 통해 아빠의 감정과 마음을 전달받았다. 그리고 하염없이 눈물을 흘렸다. 함께 살았으되 함께 하지 못한 마음들이 너무 많다는 것을 깨달았다. 그리고 서로가 서로에게 얼마나 무심하고 무정했는지도 알았다. 김현복 씨 영혼은 그 점을 제일 미안하다고 했다. 살면서 더 따뜻하게 소통하고 싶었는데 못 해서 미안하다고, 너무 야박하게 굴어서 정말 미안하다고…….

첫 번째 천도재를 지내면서 이 부부가 소통을 잘하지 못했다는 것은 알고 있었다. 왜냐면 영혼이 계속 그 부분에 관해 이야기하고 있었기 때문이다. 주연 도반으로부터 남편에 대해 전혀 이야기를 들은 바가 없었으나, 소통 문제로 많은 어려움이 있었다는 것을 영혼이 알려주었다. 그리고 가족들은 남편이나 아빠에게 다 하지 못한 이야기를 편지로 적어와 진심을 다해 읽었다. 그러자 김현복 씨 영혼이 매우 편안해하는 것을 느낄 수 있었다. 살아서 하지 못했던 소통은 죽어서라도 해야 한다. 그래야 서로가 편안하다. 그것이 천도재의 핵심 중의 핵심이다.

여보, 돌아가신 아버지가 나오셨네

　천도재를 모시다 보면 신비하고 기묘한 일을 수없이 맞이한다. 신비하다는 것은 상식으로 이해할 수 없는 수수께끼 같은 일들이다. 기묘하다는 것은 그동안 경험하지 않았던 낯설고 이상한 사건을 말한다. 마치 전설의 고향에서나 들었을 법한 이야기가 우리 삶 속으로 쑥~하고 들어온다.

　하지만 가만히 생각해보면 그런 일들이 신비하거나 기묘한 것만은 아니다. 우리가 눈으로 볼 수 없는 세계의 일이라 관심을 두지 않아서 몰랐을 뿐이다. 다만 무지했을 뿐, 어쩌면 그런 기묘한 일들이 영혼의 세계에서는 당연한 일일 수 있다. 왜냐하면, 영혼은 특별한 존재가 아니기 때문이다. 영혼이란 머리를 풀어 헤치고 피를 질질 흘리는 귀신이 아니다. 그것은 호기심을 자극하는 드라마일 뿐이다.

　영혼은 우리의 육체를 떠난 정신이다. 정신 즉 마음은 물질적인 형체가 없다. 그래서 공간과 시간으로부터 자유롭다. 그러니 늘 공간과 시간의 속박에 갇혀 사는 우리가 영혼의 세계에 대해 잘 모르는 것은 어쩌면 당연하다. 하지만 조금만 마음을 열면 그 세계 또한 우리와 함께하는 세상임을 쉽게 깨닫는다.

영혼의 세계와 우리를 가장 잘 연결해주는 통로가 바로 꿈이다. 꿈은 시간과 공간을 넘어서서 나와 영혼들이 이야기할 수 있는 가장 중요한 소통의 창문이다. 그래서 천도재를 모시다 보면 꿈을 통해 영혼들과 대화할 수 있다. 나는 물론이고 재를 모시는 재주들도 뜻밖의 꿈을 통해 돌아가신 분들의 영혼을 만나는 경우가 참 많다.

"소장님, 정말 신기해요. 남편이 느닷없이 꿈 이야기를 하는 겁니다."

상진 씨는 집안 전체 조상과 인연들을 위한 천도재를 정성껏 모시고 있었다. 그런 와중에 종종 현몽^{現夢}을 했다. 꿈을 통해 영혼들과 교감하고 수많은 메시지를 직접 전달 받았다. 그중에 남편의 꿈 이야기는 자신도 정말 신기하다면서 연신 함박웃음을 지어 보였다.

"여보, 돌아가신 아버지가 나오셨네!"
"무슨 뚱딴지같은 소리예요?"
"어젯밤에 뜬금없이 아버지가 꿈에 나오셨어. 새 신발을 누가 사 드렸는데 신으시고는 엄청 좋아하시더군. 활짝 웃으시면서 덩실덩실 춤을 추시면서 말이지."

남편은 상진 씨가 집안 천도재를 지내는 것을 전혀 몰랐다. 남편이 허튼짓한다고 벼락을 내릴 게 뻔했기 때문이다. 그래서 상진 씨는 철저히 비밀리에 재를 모시고 있었다. 그런데 남편이 아버지를 꿈에서 보았다는 이야기를 아침에 일어나자마자 했다는 것이다.

"남편은 자기 아버지 돌아가시고 한 번도 꿈에서 보지 못했대요. 그런데 재를 모시고 얼마 되지도 않았는데 그렇게 꿈에서 아버지를 보다니 정말 신기해요. 거기다 새 신발을 신고 그렇게 좋아하시더랍니다."

"아무리 남편 몰래 지낸다 해도 영혼들은 그것을 느끼고 알고 계시니 남편 꿈으로 현몽해 주셨군요."

그 이후 상진 씨의 정성은 더욱 간절하고 깊어졌다. 사실 상진 씨도 첫 재를 모시고 나자 바로 자신이 경험한 일을 털어놓았다.

"소장님! 어머니가 환한 표정으로 나타나셨어요. 저도 순간 너무 깜짝 놀랐는데, 재를 진행 중이라 애써 진정을 시켰네요."

첫 재를 모실 때의 일이다. 재를 시작하자마자 눈을 감고 있던 상진 씨 앞에 정말 보름달처럼 환하게 웃고 있는 친정어머니의 얼굴이 떠올랐다. 깜짝 놀라서 눈을 떴는데 영상은 사라지고 없었다. 첫 재를 시작하자마자 어머니의 영상이 선명하게 나타나서 신비함과 환희심을 동시에 느꼈다고 한다. 그때를 시작으로 상진 씨는 매주 재를 지낼 때마다 조상님이나 지인들을 꿈에서 보기 시작했다. 사실 상진 씨가 집안 천도재를 지내야겠다고 결심한 것도 친정어머니를 꿈에서 보았기 때문이다.

"친정어머니가 꿈에 나오셨는데, 너무 초라하고 행색이 남루했어요. 배가 고픈 것 같기도 하고, 얼굴이 무척 어둡고 우울해 보였거든요."
"바로 천도재를 모셔야 합니다. 어머니가 괜히 나타나는 게 아니거든요."

그렇게 해서 시작한 천도재였다. 그런 어머니의 꽃처럼 환한 얼굴을 첫 재부터 볼 수 있다는 것에 상진 씨는 정말 놀라워했다.

재를 거듭할수록 꿈을 더 구체적이고 다양한 조상과 인연들이 찾아왔다. 상진 씨는 재를 마치고 나면 기다렸다는 듯이 그 이야기를 쏟아냈다.

"할아버지가 다 알아서 해주신대요."
"그게 무슨 말이에요?"
"꿈에서 제 아들이 아팠거든요. 제가 '어쩌면 좋아, 어쩌면 좋지?' 이렇게 발만 동동 구르고 있었는데 갑자기 전화가 왔어요. 그래서 받았더니 할아버지가 '다 알아서 해줄게~' 이런 음성이 계속 울려 퍼졌어요."

"조상들께서 정성에 감응하시네요."

자신이 올리는 천도재에 조상과 인연들이 감응하고 메시지를 보낸다는 것 자체가 상진 씨에게는 감동이었다. 그중에 백미(白眉)는 어머니를 꿈에서 다시 만난 일이다.

"어머니는 정말 예쁘셨어요. 늘 반듯하게 쪽 찐 머리를 하고 계셨고요. 피부가 진짜 희고 깨끗하셨답니다. 그래서 볼이 살짝 발그레했는데, 그 모습이 정말 건강하고 예뻐 보였어요."

상진 씨는 연신 신이 나서 어머니 이야기를 이어갔다.

"어머니는 쪽 찐 머리를 연세가 많아지자 늦게 머리를 자르고 파마를 했거든요. 평소에도 파마머리를 한 어머니는 별로였어요. 그런데 천도재를 지내기 전에 어머니 꿈을 꾸면 꼭 파마머리를 하고 초라한 모습으로 나타났어요."

"천도재를 모신 이후에는 좀 달라졌나요?"

"천도재를 모시고 나서 꿈을 꾸었는데, 어머니가 진짜 단정하고 예쁘게 쪽 찐 머리를 하고 나오신 거예요. 두 볼이 발그레한 것이 아주 예쁘고 좋아 보였어요."

상진 씨는 한 떨기 꽃처럼 아름다운 어머니의 모습을 꿈에서 본 것만으로도 천도재의 위력을 실감하고 만족했다. 그것은 상진 씨의 영혼과 돌아가신 어머니의 영혼이 다시 만났다는 뜻이기 때문이다. 중요한 것은 상진 씨의 에너지도 몰라보게 달라졌다. 천도재를 지내면서 그리운 분들의 영혼과 다시 소통하고 이를 통해 자신을 정화했기 때문이다. 이를 통해 상진 씨의 마음과 삶에도 봄이 찾아오고 있었다.

너무 억울해서 못 가요!

천도재를 지내다 보면 나와 별 인연도 없는 사람들이 불쑥 튀어나오는 경우가 많다. 일주일 굶은 사람이 동네잔치를 찾아오듯 여기저기서 영가들이 손짓한다. 자기들에게도 기회를 달라고 외친다.

"정말 신기할 정도로 정확하게 이름이 기억났어요. 어려서 딱 한 번 본 고모부예요. 그런데 갑자기 이름이 떠올랐어요. 나중에 알아보니 그 이름이 정확하더군요."

지영 씨는 신기하다는 듯 요즘 자신이 겪고 있는 일을 하나하나 풀어놓았다.

"처음 천도재를 지낸다고 결정했을 때부터 뭔가 좀 이상했거든요. 꿈을 꾸는데 많은 사람이 웅성거리면서 몰려드는 거예요. 서로 수군거리는 소리를 들었는데요, 이번에는 여기에 꼭 가야 한다고 했어요."

지영 씨는 작정하고 자신과 남편의 집안 전체를 대상으로 천도재를 모시기로 했다. 일단 남편이 중요한 진급 심사를 앞두고 있었다. 그리고 자신의 무의식 정화를 위해서도 천도재를 꼭 모셔야겠다고 작정하고 있던 차였다. 그래서 정성스럽게 재비를 마련했고 드디어 날짜를 잡았는데, 그때부터 묘한 일들이 계속 일어났다.

대표적인 것이 꿈이다. 앞서 말했듯이 재를 모시기로 작정한 순간부터 여기저기서 영혼들이 몰려오는 꿈을 꾸었다. 그리고 실제로 그런 느낌을 강하게 받았다고 한다. 그러면서 30년 넘게 잊고 있었던 친척들 이름이 하나씩 떠올랐다. 그동안 단 한 번도 만나거나 생각하지 않았던 분들. 이미 고인이 되어 우리 곁을 홀연히 떠난 멀고 먼 친척들이 불쑥불쑥 존재를 드러냈다. 그런데 자신을 드러낸 영혼들은 비단 친척들뿐만이 아니었다.

"소장님, 친척들 말고 꼭 올리고 싶은 사람들이 있는데 어쩌죠?"
"마음에 걸리는 사람이 있으면 모두 올리세요. 특히 요절했거나 사고나 자살로 죽은 영혼들은 이번 기회에 특별히 공을 들여야 합니다."

지영 씨는 내 말을 듣고 남편에게 전했다. 그랬더니 남편이 두 명의 무명 노동자를 올리자고 했다. 남편은 공기업 건설 현장 담당자이다. 그런데 공사 현장에서 사고가 발생해서 두 명이 안타깝게 목숨을 잃었다고 한다. 남편은 그 현장에 있었기 때문에 늘 마음에 걸렸다.

그래서 이번 기회에 그분들의 넋을 위로해 주었으면 했던 것이다.

"남편과 그런 이야기를 하고 난 후 꿈을 꾸었어요. 비행기를 타기 위해 공항에 사람들이 기다리고 있었지요. 그런데 갑자기 어떤 청년이 주변을 서성거리다가 갑자기 제 무릎 위에 앉는 거예요. 너무 깜짝 놀라서 밀쳐냈는데, 이상하게 얼굴이 한국 사람이 아니라 외국인이었어요. 꿈이지만 정말 기분이 이상했거든요. 그런데 그 이야기를 남편에게 했더니 깜짝 놀라는 거예요. 현장 사고 사망자 두 명이 우크라이나 사람들이었대요. 저는 전혀 몰랐거든요."

지영 씨는 남편으로부터 노동자 두 명을 천도재 명단에 올리자는 이야기를 들었을 때 한국 사람인 줄 알았다. 남편이 자세한 내용을 전혀 이야기하지 않았기 때문이다. 그런데 꿈에서 무릎에 앉았던 남자가 외국인이었고 하도 이상해서 남편에게 이야기했던 것이다.

"우크라이나 노동자들이 천도재를 모시는 재주에게 자기 존재를 확실히 알려줬군요."
"정말 신기해요. 그런데 왜 이런 현상이 일어나는 거예요?"
"제가 말했잖아요. 천도재를 모시면 털끝만 한 인연이라도 찾아서 영혼들이 달려온다고요. 한 달 굶은 걸인이 잔칫집 찾는 심경이지요."

그 이후 영혼들과 지영 씨는 계속 소통했다. 그런 지영 씨와 함께 나도 그들과 대화를 시작했다. 그런데 강하게 반항하는 영혼들이 등장했다. 영혼들을 위해 기도하고 축복하는 과정에 마구 성질을 부렸다. 그리고 성자들의 말씀을 읽어주면 아예 외면하고 거칠게 항의했다.

"지영 씨, 혹시 영가 중에 자살하거나 억울하게 죽은 사람들이 있어요?"
"네. 마지막에 올린 분 중에 부부 싸움하다가 아파트에서 투신해 죽은 지인이 있어요. 객사한 사람들도 있고, 억울하게 살다가 비참하게 돌아가신 분들이 있습니다."
"그래서 이렇게 분노를 폭발하고 울부짖고 있군요."
"소장님도 그걸 느끼세요?"
"천도재를 지내는 동안 어찌나 발광하던지. 제가 정신을 정말 똑바로 차리고 진행했네요."

지영 씨가 말하기 전에도 다 짐작은 하고 있었다. 얼마나 억울하게 죽었으면 이리도 몸부림을 치나 싶었다.
그러던 어느 날 그 영가들이 지영 씨 입을 빌려 말하기 시작했다.

"억울해~ 너무 억울해~ 내가 얼마나 억울하게 살았는지 알아요? 내가 얼마나 처참하게 죽었는지 아느냐고!"

지영 씨는 울부짖기 시작했다. 동네가 떠나갈 정도로 20분 넘게 고성을 지르면서 분노를 폭발했다.

"왜~ 왜 내가 이렇게 죽어야 했는데~ 왜 내가 이렇게 억울하게 가야 하는데!"

영혼들은 지영 씨를 통해 부모가 돌아가신 것보다 훨씬 더 서럽게 울부짖으며 자신의 슬픔을 이야기했다. 지영 씨는 머리를 풀어 헤친 채 영혼들의 말을 전해주는 통로의 역할을 하고 있었다. 강물 같은 눈물을 흘리면서……

"못 간다고! 이대로는 못 간다고! 억울해서 도저히 이렇게는 못 간다고!"
"가지마~ 안 가도 괜찮아. 살고 싶으면 언제까지 여기서 그냥 살아."
"가라면서요. 자꾸 가라면서요. 나는 가기 싫다고요! 억울해서 어떻게 가냐고요!"

영혼들은 계속 가기 싫다고 외쳤다. 처절한 절규였다. 자신의 억울함에 대해 그리고 보내지 말아 달라는 애원을 섞어 몸부림치며 말했다.

"그럼 가지 말라니까. 같이 살면 되지 뭐~"
"아무리 그래도 그건 아니죠."

한참을 피 토하듯 자신의 이야기를 쏟아낸 후 영혼들은 스스로 정리했다. 내가 가지 말라고 같이 살자고 했을 때 오히려 영가들이 담담히 떠나야 한다는 것을 받아들였다. 그날 이후로 영가들은 무척 차분해졌고 편안해졌다. 그리고 빛의 세계로 이제는 가야 한다는 것을 받아들이고 있었다.

　이런 과정 중에 지영 씨의 남편은 승진했다. 그리고 영혼들도 승진을 준비하고 있었다.

튤립을 자주 그렸던 소녀

　누군가의 영혼과 이야기하거나 그들의 메시지를 읽는다는 것. 그 것은 굉장히 의미 있고 경이로운 일이다. 마치 꽃무늬 비단을 깔아놓 은 밤하늘의 별빛을 볼 때 느끼는 깊은 감동과 같다. 왜냐하면, 모든 사람의 영혼은 별빛으로 반짝이기 때문이다. 아니 오히려 사람의 영 혼은 별빛보다 더 영롱한 보랏빛으로 가득하다.

　그런데 그 별빛은 세상을 살면서 다치고 거칠어진다. 굽이굽이 인 생길을 걸으면서 별빛은 시들고 오그라든다. 빛은 이내 상처로 피어 난다. 인연 때문에 돈 때문에 좌절 때문에 욕망 때문에 그리고 집착의 끈에 매달려 별빛은 진흙 늪에 떨어진 수정 구슬처럼 자취를 감춘다. 인생이란 무대에서 퇴장한 피멍 든 영혼들은 그래서 죽음을 가장 두 려워한다. 모든 것이 끝이라 믿기 때문이다. 고이 간직했던 그러나 더 이상 바라볼 수 없는 영혼의 별빛을 죽음이라는 검은 바다에서 다시 는 건져 올 수 없다고 생각한다. 그래서 영혼들은 죽음 앞에 저항하고 버둥거린다. 또 죽음과 씨름하고 싸우느라 정작 가야 할 빛의 세계로 가지 못한다.

천도는 이런 영혼들을 다시 빛으로 돌아갈 수 있도록 안내하는 과정이다. 원래 그 영혼이 간직하고 있었던 별빛을 다시 찾아주는 일이다. 그래서 나는 천도재를 모실 때마다 간절한 마음으로 영가들을 깨운다. 죽음이 공포가 아니라 빛의 세계로 나가기 위해 통과해야 할 출입문이라 설명한다. 그러면서 영혼들의 멍든 가슴을 하나하나 풀어준다. 그 과정에서 놀라운 비밀들을 하나씩 알 수 있다. 셀라와의 인연도 그렇게 시작했다.

"도반님, 셀라가 꿈에 나오네요."
"어떤 꿈을 꾸셨어요?"
"제가 언덕 위에서 아래를 바라보는데, 셀라가 강가에 우두커니 서 있더군요. 하염없이 계속 강물을 바라보고 있었어요. 그 모습이 너무 안쓰럽고 안타까워서 제가 언덕 아래로 내려가 셀라 손을 잡아 주었어요. 그랬더니 강물이 점점 줄어들고 반으로 갈라졌는데요, 그 길로 건너려다 깼네요."
"세상에나! 우리 집 근처에 강이 있는데, 그리고 셀라의 한국 이름이 유하예요. 흐를 유에 강물 하, 흐르는 강물이요."

셀라는 독일인 아빠와 한국인 엄마 사이에 태어난 별빛 같은 여자아이다. 알프스 산 중턱에서 피는 초롱꽃 같은 막내딸이다. 그런 아이가 미처 피기도 전에 세상을 훌쩍 떠났다. 셀라 엄마로부터 셀라가 아프다는 연락을 받고 계속 기도를 하고 있었다. 그러다 너무 어린 나이에 훌쩍 세상을 떠났고 부모는 마음을 가누지 못하고 있었다. 그리고 얼마의 세월이 흘렀고 셀라가 내 꿈에 찾아온 것이다. 한국에 가족들이 여행을 왔을 때 인사동에서 맛있는 한정식을 먹고 근처 나들이를 했던 추억이 새록새록 떠올랐다.

"천도재를 바로 시작해야 합니다."

"네, 그렇게 할게요. 사실 저도 셀라 영혼이 떠나지 못하고 있다는 것을 알고 있었어요. 아이 아빠가 너무 힘들어해서 셀라가 머물러 있는 것이 좋다고 생각했거든요."

"그러셨군요. 하지만 그것은 서로에게 해로운 일입니다. 전혀 도움이 되지 않아요. 서로 갈 길을 가야 축복이 함께 합니다."

셀라를 위한 특별 천도재는 그렇게 시작했다. 그런데 재를 모시기 위해 꽃꽂이를 했는데 갑자기 튤립을 올리고 싶다는 생각이 간절했다. 나는 천도재를 모실 때 꽃꽂이를 직접 한다. 아침 일찍 꽃 도매 시장에 가서 가장 예쁘고 싱싱한 꽃을 한 다발 사다가 정성으로 꽂는다. 그리고 재를 모신다. 대개 하루 전날 꽃꽂이를 모두 마치고 영정이나 위패를 모셔둔다. 그날도 그렇게 준비를 마쳤는데 이상하게 튤립을 사와야 한다는 생각이 간절했다. 그것도 분홍 튤립. 나는 다음날 일찍 시장엘 갔다. 그런데 운동장보다 넓은 도매 시장을 다 돌아다녔는데도 분홍 튤립을 찾을 수 없었다. 꽃은 종류마다 나오기 시기가 따로 있다.

"튤립이 나올 시기는 아니지. 그래도 사야 하는데……."

허전한 마음으로 발길을 돌리기 직전, 시장 모퉁이 작은 가게에서 분홍 튤립을 찾았다. 정말 소담하고 예쁜 튤립이었다. 얼마나 반갑던지 바로 구매를 했는데 딱 한 다발이 남아 있는 상태였다. 그렇게 한 다발의 분홍 튤립을 셀라의 영전에 올리고 간절한 마음으로 첫 번째 재를 모셨다. 그리고 스위스 엄마에게로 카톡을 날려 이 소식을 상세히 전했다.

"어머나! 튤립은 셀라가 평소에 제일 많이 그리던 꽃이에요. 분홍색을 엄청 좋아했었고요."
"그래서 꽃꽂이를 다 미쳤는데 분홍 튤립 생각이 간절하게 났군요."

셀라는 천도재를 통해 나와 소통하기 시작했다. 별빛처럼 아름다운 한 떨기 분홍 튤립이 허공에 다시 피어났다.

✳

너무 배고파요

세상살이 서러움 가운데 가장 깊은 것은 무엇일까? 배고픔일 것 같다. 나도 어린 시절 배고픔의 눈물겨움을 누구보다 잘 안다. 추석이나 명절 때 또는 크리스마스처럼 흥겨운 날이면 더더욱 크게 느껴지는 서러움이 배고픔이다. 나는 한겨울 하늘에서 함박눈이 펑펑 쏟아지면 하염없이 눈을 바라보았다. 종일 목을 빼고 눈을 쳐다봤다.

"저 눈이 모두 흰쌀이었으면 좋겠다. 그러면 백설기도 해 먹고, 떡 볶이도 해 먹고, 떡국도 끓여 먹고……."

한 송이 두 송이 내리는 눈송이를 보면서 늘 이런 생각에 파묻혔다. 생일이면 더더욱 먹을 것에 대한 생각이 간절했다. 나도 다른 아이들처럼 생일상을 한 번 받아보는 것이 소원이었다. 아니, 생일상은 아니어도 작은, 제일 작은 케이크라도 먹어보고 싶었다. 하지만 우리 집은 늘 같은 밥, 같은 반찬뿐이었다. 그래서 나는 누구보다 배고픈 서러움을 잘 안다. 내가 지겹도록 느껴봤기 때문이다.

"너무 배고파요. 너무 배고파요."

재를 모시는 동안 계속 마음속에서 외침이 밀려왔다. 힘없고 서러운 목소리였다. 그러나 절절하게 내 마음을 두드리는 젊은 여자의 목소리였다.

"배고파요. 너무너무 배고파요."

영혼을 축복하는 동안 목소리는 점점 커졌다. 그리고 제발 이 배고픔을 달래 달라고 애원했다.

"혹시 친구가 못 먹다가 죽었나요?"
"네?"

복진 씨는 깜짝 놀랐다. 재를 지내는 동안 나를 향해 외쳤던 그녀의 음성이 너무 강렬했다. 그래서 나는 재를 마치자마자 재주인 복진 씨에게 물었다.

"먹고 싶은 것이 정말 많은데 전혀 먹을 수 없는 상황에서 너무 배가 고파 죽은 영혼이 있어요. 자꾸 배고프다고 절규하네요."

"맞아요! 친구가 못 먹어서 죽었어요. 저와 둘도 없는 고향 친구인데, 정말 착했거든요. 그런데 병에 걸려 젊은 나이에 떠났어요. 누구 하나 보살펴 주는 사람도 없이 쓸쓸히 굶다가 죽었어요."

복진 씨는 큰 마음을 내서 집안 천도재를 지내고 있었다. 그런데 마음에 요절한 친구가 자꾸 걸려 명단을 올렸다. 젊은 나이에 고생만 지겨울 정도로 하다가 병에 걸렸던 친구였다. 먹고 싶은 것이 있어도 먹을 수 없는 상황에서 눈만 퀭했던 인연이었다. 죽음의 문턱 앞에서 물 한 모금도 제대로 마실 수 없이 그렇게 말라갔던 생명이었다. 그 배고픔이 나에게 존재를 알려왔다.

"소장님, 어떻게 해야 하나요?"
"배고프다고 하니 그 배고픔을 채워줘야죠."

복진 씨는 친구의 이름으로 재비를 더 올렸다. 그리고 나는 그 금액을 전부 장학금으로 보냈다. 그리고 더더욱 친구를 위해 기도하고 축복했다. 그 이후 친구는 배고픔은 사라졌다. 사흘을 굶은 사람이 밥 한 끼를 잘 먹으면 배고픔이 사라지는 것처럼, 가장 서러웠던 배고픔의 응어리를 친구의 정성으로 채워주었다.

"혹시 이분들 제사 안 지내요?"
"네. 이래저래 집안이 풍비박산 나다시피 해서 제사 안 지낸 지 오래됐어요. 왜 그러세요?"

"영가들이 자꾸 배가 고프다고 해서 물어본 겁니다."

영희 씨는 자식들의 앞날을 위해 특별 천도재를 올리고 있었다. 그런데 재를 지내는 동안 너무 많은 영혼이 배고프다는 이야기를 계속했다. 나는 편안한 집안인 줄 알았는데 뜻밖에 배고픈 서러움에 짓눌린 영가들이 많다는 것을 알고 영희 씨에게 느낀 그대로를 말했다.

"사실은 잘 나가던 집안인데, 이래저래 말썽이 생기기 시작하더니 하루아침에 쑥대밭이 되었답니다. 그래서 산소도 제대로 못 쓰고 조상을 여기저기 흩어 모셨대요. 그리고 누구 하나 챙겨서 제사를 모시지 못했지요."

"그 기간이 얼마나 됐나요?"

"한 십오 년 이상 됐을 겁니다."

"그러니 그렇게 배가 고프다고들 난리를 치는군요."

"그럼 음식이라도 차려 올려야 하나요?"

"그럴 필요는 없어요. 영가들이 음식을 먹는 게 아니니까요. 그들이 정말 원하는 것은 사랑과 관심이죠."

"살아 있는 사람이랑 똑같네요?"

"그럼요!"

영혼들이 원하는 것은 거창한 묫자리가 아니다. 호화로운 화강석으로 치장한 으리으리하게 뻔쩍이는 명당도 아니다. 일류 요리사를 불러 음식을 산더미처럼 쌓아 올리라는 것도 아니다. 유명한 스님네나 법사들을 대동하고 거창한 재식을 올려달라는 것은 더더욱 아니다. 그래 봐야 요란하기만 하고 남는 것은 별로 없다. 우리가 그렇듯 영혼들이 정말 배고파하는 것은 진심 어린 사랑과 관심이다.

그분들을 추모하고 그리워하는 다정한 마음. 좋은 추억을 떠올리며 그 삶의 자취를 기억하는 것. 따뜻한 사랑의 감정으로 고인을 바라보고 진심으로 나누는 정. 그리고 그들을 축복하는 에너지. 영혼들이 정말 원하는 것이 이것이다. 그리고 이를 채워줄 수 없을 때 영혼들은 배가 고프다. 그래서 서럽다.

정말 먹지 못해 죽은 영혼도 배가 고프다. 사랑에 목말랐던 영가들도 배가 고프다. 자손들이 외면한 고인들은 더욱 배가 고프고 홀로 생을 마감한 영혼들도 배가 고프다. 평생 나눌 줄 모르고 자린고비 노릇을 한 고인들도 배가 고프다. 이기적으로 저만 생각하면서 살았던 영혼도 배가 고프다. 오랜 기간 병에 시달리다 떠난 사람들도 배가 고프다. 영혼들은 그렇게 배가 고프다. 그래서 배고픈 영혼들은 그 서러움을 채우려고 우리 주변을 배회하고 정처 없이 떠돌아다닌다.

날 위해 아베 마리아

　사랑은 한 송이 꽃처럼 아름답다. 열정적이고 애틋한 사랑은 향기로운 차 한 잔처럼 우리 마음을 녹인다. 사랑에 겨워하는 모든 말은 곧 시가 된다. 사랑의 마음을 바라보는 눈빛은 초롱초롱한 별보다 더 반짝인다.

　하지만 이룰 수 없는 사랑은 가시보다 더 아프게 심장을 찌른다. 건널 수 없는 강물처럼 애처롭다. 그렇게 뜨거웠던 마음은 곧 지옥의 불길이 되어 온 삶을 태워버린다. 그리고 오래오래 영혼 속에 재를 남긴다.

　"선생님, 신부님이 아베 마리아를 불러 달라고 하시네요. 잼마가 불러주는 아베 마리아를 꼭 듣고 싶다고 하세요."

　"어마나! 신부님께서 평소에 아베 마리아를 제일 좋아하셨는데. 늘 아베 마리아를 부르셨는데⋯⋯."

성인 씨는 가슴을 저미며 흐느끼기 시작했다. 그리고 떨리는 입술을 겨우 움직여 아베 마리아를 불렀다.

"아베~마리아~ 아베~마리아~"

그녀가 부르는 아베 마리아는 수십 년의 세월을 거슬러 마음과 마음을 이었다. 그리고 이루지 못한 사랑에 대한 회한과 멍에를 씻어주었다.

성인 씨는 젊은 시절 알베르토 신부님과 인연을 맺었다. 이태리에서 한국으로 파송을 오신 알베르토 신부님은 정말 자상하게 성인 씨를 맞아 주었다. 성인 씨는 그런 신부님을 아버지처럼 믿고 따랐다. 서로 마음을 열고 믿고 의지하는 가족 같은 관계였다.

집안 사정으로 마음 둘 곳 없던 성인 씨는 자신을 친딸처럼 예뻐해 주는 신부님이 정말 고맙고 좋았다. 낯선 한국에서 성직을 수행하던 신부님도 적적하고 허전한 마음을 성인 씨를 돌보며 채웠다. 성인 씨는 신부님의 사제관을 제 방처럼 드나들었다. 신부님도 그런 성인 씨를 한없이 아끼고 사랑해주었다.

그러다 둘은 한센병 환자들을 돌보는 곳으로 함께 떠났다. 신부님은 한센병 환자들을 돌보는 책임자의 역할을 했고 성인 씨는 그곳의 관리와 봉사활동을 책임졌다.

"새벽에 되면 신부님이 꼭 물주머니에 뜨거운 물을 담아서 내 발밑에 하나, 그리고 배 있는 곳에 하나 이렇게 넣어주셨어요. 날이 추운데도 그 물주머니가 있어서 따뜻하고 아늑하게 잘 수 있었지요. 신부님은 단 하루도 거르지 않고 새벽이면 물주머니를 갈아주시곤 했죠. 그리고 제 볼에 꼭 뽀뽀를 해주셨는데, 저는 그냥 아버지같이 생각해서 아무런 감정이 없었어요."

30대 후반의 혈기 왕성한 신부님. 그리고 10대 후반의 꽃다운 아가씨. 성인 씨는 신부님을 아버지처럼만 생각했지만, 신부님은 아니었다. 어느 순간부터 뜨거운 사랑의 불꽃이 타올랐다. 성인 씨를 여자로 느끼고 애틋하게 사랑하기 시작했다. 그러다 한센병 마을에 사건이 생겨서 둘은 도망쳐 나와야 했다. 한센병 환자들이 신부님과 성인 씨가 연애를 한다고 죽일 듯 달려들었기 때문이다.

"신부님이 같이 이태리로 떠나자고 했어요. 저는 처음에 아무 생각이 없어서 그러겠다고 했는데……."

성인 씨의 아버지는 펄펄 뛰었다. 왜 멀고 먼 이역만리 이태리로 떠나느냐고 단호하게 반대하셨다.

"생각해보니 이태리로 가서는 도저히 못 살 것 같았어요. 그래서 신부님께 가지 않겠다고 말씀드렸죠. 그랬더니 신부님은 밤새 성당

기둥을 잡고는 잼마 바보, 잼마 바보, 잼마 바보~ 그렇게 외치면서
울부짖었어요."

잼마는 성인 씨의 세례명이었다. 그렇게 잼마를 놓아주어야만 하
는 상황을 감당할 수 없었던 신부님은 이태리로 훌쩍 떠나셨다. 그리
고 이삼 년이 지난 후 암으로 돌아가셨다.

"제가 그때는 너무 철이 없었어요. 저는 그저 신부님을 아버지같
이 생각하고 따랐던 건데, 신부님은 나를 정말 사랑하셨지요. 그리고
이태리로 저와 함께 들어가서 결혼해서 살 생각을 하신 거예요."

성인 씨는 집안을 위한 특별 천도재를 지내면서 신부님을 꼭 올려
달라고 했다. 그리고 재를 마무리해 갈 무렵 내 마음속에서 너무 강하
게 올라온 메시지가 있었다.

"날 위해 아베 마리아~ 날 위해 아베 마리아~"

그날 성인 씨는 신부님이 돌아가신 후 처음으로 아베 마리아를 불
러드렸다. 눈물로 불러드린 아베 마리아의 노랫소리는 잔잔히 울려
퍼졌다. 그 울림은 시간과 공간을 뛰어넘어 수십 년 동안 홀로 피어있
었던 한 떨기 사랑의 꽃을 어루만졌다. 그 애처로움의 꽃에 입맞춤을
해주었다.

*

3부

치유하고
정화하고
축복하며

자꾸만 길을 잃었다

학이 날개를 펴고 내려앉았다는 금학산. 천년 제국의 황제를 꿈꾸었던 궁예의 한이 서려 있다는 산. 태봉국의 꿈은 아침 이슬처럼 사라졌다. 미륵을 자청하며 세상을 호령했던 궁예의 옛 황궁 터는 휴전선 비무장지대가 집어삼킨 지 오래였다.

나는 그날도 금학산 언저리를 계속 헤매고 있었다. 이상할 정도로 길을 잃었다. 정말 눈을 감고도 찾아갈 수 있는 쉬운 길이건만, 자꾸 엇갈리고 계속 어긋났다.

"도대체 왜 이런 거야!"

나는 인생의 대부분을 기도로 결정하고 선택한다. 중요한 문제를 해결할 때도 그렇다. 언제나 삶의 길목 길목에서 기도했고 그 응답에 따라 살아왔다. 스무 살 꽃다운 나이에서부터 중년을 넘긴 지금까지 계속 그렇게 살았다. 진로를 결정하는 것은 물론이고 일을 할 때도 사람을 만날 때도 기도를 했다. 그리고 기도는 반드시 응답을 줬다.

물론 언제가 기도의 응답대로 산 것은 아니다. 때로는 욕심이 앞을 가렸다. 가끔은 어리석음에 취했다. 더러는 지나친 자신감에 빠져있었다. 그리고 종종 오만함의 외줄 타기를 했다. 분명 기도 응답을 들었건만 그와는 다르게 내 생각의 덫에 걸려 허우적거린 적도 많았다.

그렇게 제 잘난 맛에 우쭐거리다 기도 응답대로 하지 않으면 반드시 낭패를 경험했다. 좌절을 겪었고 사람을 잃었다. 시간과 열정은 허공으로 사라지고 돈도 밀물처럼 빠져나갔다. 기도의 응답을 거슬린 대가는 혹독했다. 그 사실을 깨달은 이후 다시 겸허한 마음으로 기도를 시작했다. 그리고 사소한 것 하나까지도 기도의 응답대로 살기 위해 노력하기 시작했다.

금학산에서 길을 잃고 헤맸던 것도 다 기도 응답과 관련이 깊다. 2020년 2월 입춘에 나는 백일기도를 시작했다. 원래 한 해 살림살이를 장만하는 기도는 입춘에 결재한다. 그래서 나도 도반들의 소망을 이루고 더 좋은 세상을 위해 2월 3일 입춘 백일기도를 출발했다. 그리고 100일이 되던 5월 어느 날을 맞았다.

"이제 백일기도를 마칩니다. 이제는 어찌 하오리까?"
"천일기도를 해라!"
"네?"

나는 그만 뒤로 벌러덩 넘어갔다. 사실 백일기도를 올리는 게 너무 힘들었다. 내 천성이 기도할 때 모든 것을 다 바치기 때문에 일단 체력적으로 버거웠다. 물론 기도를 하면서 얻는 응답과 충만감이 상당하지만, 그래도 힘든 것은 힘든 것이다. 그래서 내심 백일기도를 마치면 한동안 푹 쉬어야겠다고 다짐하고 있었다. 그런데 천일기도라니!

처음에는 황당하고 섭섭해서 받아들이기 힘들었다. 도대체 진리께서는 나를 어찌 보시고 이런 명을 하시나 싶어 많이 서운했다. 그러나 그동안의 경험과 영적 자각을 통해 얻은 직감이 있었다. 진리의 명하심은 모든 것을 내려놓고 따라야 한다. 왜냐하면, 그 속에는 내 작은 생각으로 다 알 수 없는 우주의 큰 뜻이 언제나 녹아 있기 때문이다. 그래서 몸과 마음을 다시 가다듬고 천일기도를 시작했다. 그것이 2020년 6월 1일이다.

"그럼 무엇을 위해 기도하오리까?"
"국운융창, 평화통일, 지구정화, 인류행복."

기도 내용을 묻자마자 전광석화처럼 네 가지 주제가 떠올랐다. 마치 내가 묻기만을 수천 년 동안 기다렸던 것처럼 응답이 왔다. 그와 함께 또 다른 메시지도 함께 왔다.

"일주일에 한 번 휴전선 근처의 산들을 돌며 산상 기도를 해라."

그래서 시작한 것이 일면 '천행 길'이다. '천일기도 순례 산행 길'의 줄임말이다. 매일 하는 기도와 함께 일주일에 한 번 주말을 이용해 순례의 산행 길을 떠나기로 했다. 주로 민통선 근처의 산들이나 휴전선을 바라보는 북방의 산들을 돌기로 했다. 그 코스 중 하나가 금학산이었다.

천행 길을 떠나기 전 사전 준비를 철저히 했다. 위성 지도를 검색해서 코스와 길을 모두 점검했다. 그리고 요즘은 스마트 폰이 워낙 좋아서 웬만하면 길 잃는 것이 더 힘들다. 그런데 이상하게 자꾸 예상했던 길을 벗어나고 헤매기 시작했다. 도대체 이유를 알 수 없는 뭔가에 이끌리는 느낌이었다. 훤한 대낮에 귀신에 홀릴 수도 없는 상황이었지만 내 마음은 묘하게 어떤 존재들에게 홀려있었다.

그날은 더욱이 금학산을 세 번째 찾은 날이었다. 그런데도 계속 길을 잃다니, 도대체 뭐가 어떻게 돌아가는 형국이란 말이더냐! 그렇게 산길을 몇 번씩 헤매며 나는 정상을 향해 한 걸음씩 올라가고 있었다. 그냥 가만히 있는 것만으로도 숨이 턱턱 막히는 7월의 더위는 백금으로 만든 송곳처럼 내 살갗을 찔러댔다. 땀은 폭포처럼 쏟아지고 숨은 곧 끊어질 듯 차오른다. 그래도 내 다리는 마치 기계의 반복 운동처럼 계속 움직이고 있었다.

"옴 아모카 살바다라 사다야 시베훔~ 옴 아모카 살바다라 사다야 시베훔~"

입에서는 자동반사적으로 성취진언이 흘러나왔다. 내가 하는 것이 아닌 것처럼 저절로 새어 나왔다. 산행을 시작하면서부터 암송하기 시작한 성취진언이 굵은 땀방울과 함께 결합하여 묘한 느낌으로 다가왔다. 산 밑 둥우리에서 정상에 오르는 대여섯 시간 동안 단 한 번도 성취진언이 멈추지 않았다. 이상하게 땀이 쏟아질수록 사막 같은 열기가 나를 휘감을수록 몸은 바람처럼 가벼워졌다. 모든 생각도 끊어졌다. 오직 한 걸음 한 걸음 금학산을 오르는 발걸음이 존재할 뿐. 무심한 듯 간절한 듯 되뇌는 성취진언만이 우주에 가득했다.

"휴~"

정상에 올라 긴 숨을 몰아쉬었다. 그리고 간단히 과일과 옥수수로 점심을 때웠다. 그리고는 바로 산상기도에 들어갔다. 보통 산상기도를 하면 한 시간 정도 걸린다. 저 북녘땅을 바라보면서 온몸과 마음으로 기도를 했다.

"국운융창, 평화통일, 지구정화, 인류행복."

나는 기도할 때 말로 다 표현할 수 없는 벅찬 감정에 휩싸인다. 환희심이라고 해야 할까? 황홀경이라고 말할까? 지극히 평화로운 느낌과 함께 가슴에 가득한 충만하고 매우 높은 차원의 기쁨이 모세 혈관 하나하나까지 채우는 경험을 한다. 그리고 우주 전체와 완전히 하나가 되는 순간을 맞는다. 그때는 의식이 있다는 것만 감지할 뿐 나도 생각도 천지도 모두 텅 비어 사라진다. 이런 경험들이 세상을 다 주어도 바꿀 수 없는 소중한 것이기에 천행 길을 다닌다.

그렇게 금학산 정상에서 기도를 마치고 산림도로를 따라 하산했다. 그런데 어느 순간 길을 또 잃었다. 분명 다 조사하고 찾아가는 길이건만 느닷없는 길이 나를 빨아들였다. 그럴 때 나는 모든 생각을 내려놓고 그냥 발이 가자는 곳으로 간다. 그러다 보면 생각하지 못했던 길이 스스로 앞길을 열어 준다.

"옴 살바 못자모지 사다야 사바하~ 옴 살마 못자모지 사다야 사바하~"

순간 온몸에 전율이 솜털들까지 다 일으켜 세웠다. 입에서 갑자기 참회진언이 흘러나왔기 때문이다. 나는 천행 길을 다니면서 참회진언을 암송한 적이 단 한 번도 없었다. 기도 순례길이기 때문에 모든 기도 내용이 성취되도록 성취진언을 암송했다. 그런데 어느 순간 낯선 계곡으로 접어들었고 그때 입에서 참회진언이 터져 나왔다. 그리고 가슴이 터질 듯한 감정이 휘몰아쳤다. 20대 초반 백마고지에서 내 생에 처음으로 천도재를 지낼 때의 감정이었다.

나는 미친 듯이 참회진언을 암송했다. 아니다! 정확히 표현하면 내가 한 것이 아니다. 그냥 저절로 내 입술과 혀가 돌아갔다. 내 의지와는 전혀 상관없이 모든 것이 움직이고 있었다. 갑자기 길을 잃었고 이름 모를 낯선 계곡에 나는 서 있었다. 입에서는 참회진언이 용암처럼 솟구쳤다. 한낮인데도 그 어떤 소리도 들을 수 없이 적막함과 고요가 뒤엉켜 있었다. 발걸음은 폭주 기관차처럼 빨라졌다. 입도 더욱 바삐 움직이며 참회진언을 쏟아냈다. 그때였다.

"다 함께 참회합시다. 우리 다 함께 참회합시다. 다 함께 참회합시다. 우리 다 함께 참회합시다."

마음속에서 거친 시위대의 함성처럼 아우성쳤다. 어디서 들어본 듯한 내 심연의 기억 속에 있는 듯한 그런 목소리였다. 그렇게 나는 참회진언을 암송하며 세 시간을 그 계곡에서 헤매야만 했다.

천행 길을 다 마치고 집으로 돌아오니 자정이 가까웠다. 나는 집에 오자마자 씻는 것도 뒤로 미루고 내가 오늘 길을 잃고 헤맸던 곳들을 샅샅이 검색해보았다. 그리고 또다시 얼음물을 뒤집어쓰는 듯한 기분을 느꼈다.
내가 길을 잃고 헤매면서 참회진언을 했던 곳은 6·25전쟁 당시 치열한 전투가 벌어진 곳이다. 아군을 비롯한 수많은 청춘이 몰살당한 죽음의 계곡이었다. 나는 그때야 무서울 정도로 놀라운 사실을 깨달았다. 내가 길을 잃고 걸어야 했던 곳들이 모두 누군가 목숨을 버려야 했던 곳이라는 것을. 내가 그렇게라도 거쳐 가며 그분들의 넋을 달래주도록 인도하셨다는 것을. 내가 밟고 서 있는 길에 그분들의 청춘

과 영혼이 흩뿌려져 있다는 것을. 그리고 지금 우리가 해야 할 가장
중요한 일은 이 모든 것에 대한 진심 어린 참회라는 것을. 그것이 가
장 근본적인 유일한 치유라는 것을…….

그래서 나는 자꾸만 길을 잃었다.

내가 나를 얼마나 학대했던가

옥희 씨는 하염없이 눈물을 흘렸다. 서러움의 물결이 파도처럼 그녀를 덮었다. 삶의 질곡에서 켜켜이 쌓아 올린 회한의 폭포수가 얼굴을 타고 흘렀다. 그녀의 소리 없는 흐느낌은 갈 곳 없는 철새의 울음처럼 서글펐다.

"소장님, 내가 나를 얼마나 학대했는지 절절히 깨달았어요. 그동안 정말 최선을 다해 살았다고 믿었는데, 정말 내가 나를 너무 학대하면서 살았던 세월이라는 것을 제대로 알았어요."

그녀는 천도재를 지내는 동안 수많은 깨달음을 얻었다. 자기 내면으로부터 올라오는 고귀한 메시지를 읽었다. 지난 삶을 뒤돌아보며 새로운 눈으로 바라볼 수 있었다. 가장 놀라운 것은 옥희 씨 스스로 자신의 감옥에서 벗어나고 있었다는 사실이다.

"남편이 왜 그토록 나를 함부로 대했는지를 이제는 정확히 알았어요. 사실, 제 마음속 깊이 남편을 너무 무시했거든요. 단 한 번도 남편이라는 존재를 인정하고 존중해본 적이 없어요. 그러면서 그런 남편 보란 듯이 저는 잘난 체를 하면서 살았네요. 봐라! 너 같은 인간과 나는 근본적으로 다르다는 것을 확인시켜주마! 이런 마음으로 평생을 살았네요."

그녀는 처음 남편과의 문제 때문에 나를 찾았다. 처음 만난 날 동네가 떠내려가게 울부짖었다. 남편이 평생을 자신에게 함부로 하고 언어폭력이 삼시 세끼 밥 먹는 것보다 많았다. 가장으로서 경제적인 능력이 거의 없었기에 그녀가 모든 살림을 떠안았다.

"안 해본 장사가 없어요. 정말 이를 악물고 닥치는 대로 하면서 여기까지 살았어요. 저는 그 모든 게 남편 때문이라고 굳게 믿고 있었고요."

그녀는 자기 삶의 모든 고통이 남편을 잘못 만난 죄업이라고 강하게 믿고 있었다. 그래서 어떻게 해서라도 남편과의 관계를 좋게 하고 싶다고 나를 찾아온 거다. 그런데 그 마음속에는 칼날처럼 날카로운 생각이 하나 도사리고 있었다.

"남편을 바꿔야 한다. 저 인간만 바꾸면 나는 행복하다. 어서 남편을 확~ 뜯어고칠 수 있도록 도와주세요."

바로 이 마음이었다. 그런 옥희 씨와 마음의 껍질을 하나하나 벗겨 가고 있을 때였다. 내가 천도재를 모신다는 이야기를 듣고 자신도 하고 싶다고 이야기했다.

"소장님, 정말 천도재를 모시고 싶어요. 저희 친정 쪽 그리고 남편 쪽 조상과 인연들 합동 천도재를 꼭 모셨으면 합니다."

그녀의 마음은 간절했다. 어떤 연유에서 어떤 목적으로 천도재를 지내겠다고 이야기했는지는 모르겠다. 딱히 묻지도 않았을 뿐만 아니라 별로 궁금하지도 않았다. 중요한 것은 옥희 씨 스스로 집안 전체 합동 특별 천도재를 모시겠다고 발원한 마음이다.

그렇게 그녀는 천도재를 스스로 선택해 시작했다. 그리고 재를 모실 때마다 하염없는 눈물을 쏟으면서 어떤 영적 체험을 하기 시작했다.

"그동안 천도재를 많이 모셨어요. 백중百衆을 맞이해서 절에서도 조상들을 위해 공을 많이 들였지요. 정초 때 조상들을 위해 기도 정성도 여러 번 올렸답니다. 그런데 이번 천도재는 정말 달라요. 재를 모실 때마다 마음속에 울림이 강하고 그동안 살아왔던 내 인생이 손바닥 들여다보듯 환하게 다가옵니다."

무엇보다 중요한 변화는 그녀가 남편을 다른 시선으로 볼 수 있었다는 사실이다. 그녀는 모든 삶의 고통이 남편의 폭력과 잘못된 결혼생활이라고 믿었다. 그런데 남편이 어려서부터 아버지의 학대에 의해 얼마나 깊은 상처를 받았는지 깊은 마음으로 공감하기 시작했다. 남편의 인간적 고뇌와 그 아픔을 표현할 길 없이 방황해야 했던 인생살이의 고단함을 인정하고 받아들였다. 그뿐만 아니라 그런 남편에게 자신이 얼마나 냉정하고 공격적으로 대했는지를 알아차렸다.

"저도 남편을 왜 그렇게 무시하고 멸시했는지 몰랐어요. 남편은 자기 마음이 아프다고 투정을 부린 건데, 그 마음을 좀 감싸 달라고 애원한 건데…… 저도 마음의 상처가 깊다 보니 차마 그 감정을 받아줄 여유도 생각도 없었네요."

옥희 씨도 남편과 같은 정서적 학대의 경험이 있었다. 부모님이 늘 싸우고 서로를 증오하는 험악한 가정에서 자란 탓이다. 자신을 함부로 대했던 아버지, 그리고 가혹한 정서적 학대는 옥희 씨 스스로의 존재 가치를 설정하는 중요한 기준이 되었다. 그래서 옥희 씨는 끊임없이 자신을 학대했다. 남편과의 관계를 계속 악화일로로 밀어붙이면서 부모로부터 배웠던 그대로 자신이 얼마나 비참하고 가치 없는 사람인지를 스스로 증명하려 했다.

"그 많은 세월을 훌쩍 넘기고 이제 알았네요. 내가 내 인생을 어떻게 만들어 왔는지를요. 그리고 그 과정에 남편에게 얼마나 많은 상처를 주었는지도 정확히 깨달았어요."

"정말 대단하시네요. 이제 길을 찾을 수 있겠어요?"

"그럼요. 이제까지 살아온 길을 정확히 알았으니 앞으로 인생길도 잘 만들어 갈 수 있지요. 천도재 지내기를 정말 잘했습니다."

그녀는 환하게 웃었다. 그리고 뿌리 깊은 자신감을 얻었다. 천도재를 통해 조상과 인연들 치유한 것보다 스스로를 더 많이 치유했기 때문이다. 치유는 내가 가지고 있는 원래의 위대한 가능성을 찾는 첫걸음이다. 흔들리지 않는 자신감과 평화의 근원이다.

천도재는 그래서 중요하다. 천도재를 통해 삶의 가장 근원적 치유를 경험한다. 몸과 마음과 에너지를 치유한다. 집안 전체의 기운을 치유하고 부정적인 모든 것들을 치유한다. 더욱이 천도재는 나를 위한 가장 중요한 치유이다. 돌아가신 분들을 치유하는 과정에서 내 존재의 근원을 인식하고 삶을 뒤돌아본다. 자기 깊은 마음속 소리를 듣고 영혼의 울림을 경험한다. 가지가지의 상처를 만나고 이를 끌어안을 수 있다. 이 과정을 통해 내 삶 전체를 치유한다. 그래서 천도재는 곧 치유의 과정이다. 죽은 사람이나 산 사람이나…….

처음으로 아버지를 사랑할 때

향원 씨에게 아버지라는 이름은 지옥이었다. 아버지라는 석자를 마음에서 지워버리고 산 지 오래였다. 아버지라는 이름을 기억 속에서 꺼내는 순간 그녀의 영혼은 쑥대밭이 되었다. 원망과 미움, 분노와 서러움이 아버지라는 언어가 가지고 있는 의미였다.

"아버지는 정말 생각하고 싶지 않은 사람이에요. 제 모든 것을 짓밟았던 악마였기 때문이죠."

향원 씨는 힘들고 어렵고 어린 시절을 보냈다. 아버지는 일찍 이혼하셨고, 새엄마를 맞이했다. 원래 난봉꾼 기질이 강했기에 이 여자, 저 여자와 놀아났다. 집안일이나 자식들은 내팽개치고 늘 주색잡기에 빠져있었다. 그나마 새엄마가 부지런히 살림을 챙겼기에 향원 씨는 겨우겨우 학교에 다니고 먹고 살 수 있었다.

"아버지는 정말 우리에게 자린고비였어요. 초등학교 때부터 눈이 나빠서 책을 잘 볼 수 없었는데, 안경 하나 맞춰주지 않아 고생했어요. 나중에 겨우 안경 하나를 맞췄는데, 제일 싸구려로 했지요."

어린 나이에 하숙을 치는 집에서 온갖 궂은일을 해야 했던 향원 씨. 추운 겨울 빨래하고 밥하고 하숙생들 뒤치다꺼리를 혼자 도맡아 했다. 아버지는 이런 향원 씨를 한 번도 보듬어 주지 않았다. 말 한마디 따뜻하게 건넨 적이 없다. 무엇보다 향원 씨의 가슴을 멍들게 한 것은 중학교를 졸업하고 고등학교 진학을 할 때였다.

"계집애가 무슨 공부야! 돈이나 벌다가 시집이나 가면 장땡이지! 버스 안내양 일이나 해. 손님들 요금도 삥땅치고 얼마나 좋아."

청천벽력이었다. 향원 씨는 일반 고등학교에 진학하고 싶었다. 그러나 아버지는 일언지하에 거절했다. 그리고 돈이나 벌라며 버스 안내양을 강요했다. 승객들이 낸 요금을 훔칠 수 있으니 얼마나 좋은 직업이냐는 말에 향원 씨는 할 말을 잃었다. 그러나 이대로 끌려갈 수는 없었다.

"싫어요! 절대로 안 할 거예요!"

하지만 돈에 눈이 멀었던 아버지는 그대로 물러나지 않았다. 어느 날 향원 씨는 아버지의 강요에 못 이겨 방직 공장으로 끌려갔다.

"정말 싫었어요. 너무 서럽고요. 하루 종일 방직 공장에서 마치 기계처럼 일했어요. 아침 일찍 일어나 돼지비계가 둥둥 떠 있는 국 같지도 않은 국에 밥을 먹고 닭장에 갇혀 있는 닭처럼 일했죠. 그리고 밤에는 공부를 했어요. 공장에서 운영하는 야간 고등학교를 다닌 거예요."

아버지는 그녀에게 너무 가혹했다. 오직 돈을 벌기 위해 태어난 노예처럼 향원 씨를 대했다. 따뜻한 말 한마디 해주지 않았다. 정서적 학대와 마음의 폭력이 일상다반사였다.

"소장님, 제가 할 수 있을까요?"
"네. 이제는 다 털어버려야지요. 그게 도반님을 위해 제일 좋아요. 도반님의 행복을 위해 그렇게 하라는 겁니다."

나는 천도재를 지낼 때 꼭 편지를 쓰게 한다. 자신도 모르게 쌓여 있던 감정의 찌꺼기들을 모두 날려버리기 위해서다. 굽이굽이 인생길을 살면서 누구나 마음 한편에 하지 못한 말들이 있다. 마치 커다란 돌덩어리처럼 영혼을 누르고 있는 감정들이 있다. 그러나 그 말을 들어줄 사람들은 이미 이 세상에 없다. 그러면 그 감정과 생각 그리고 회한은 검은 기운이 되어 영혼에 뿌리를 내린다. 천도재를 이런 검은 기운의 뿌리를 모두 뽑아 버리는 과정이다. 그렇게 하기 위해 제일 효과적인 것이 바로 편지다.

"아버지, 저, 향원이예요."

향원 씨는 떨리는 목소리로 편지를 한 줄 한 줄 읽기 시작했다. 그동안 참아왔던 눈물과 온갖 감정이 파도처럼 밀려왔다. 두려움과 원망과 서러움과 아픔의 상징이었던 아버지에게 편지를 쓴다는 것. 그것은 향원 씨에게 쉽지 않은 도전이었다. 그러나 향원 씨는 줄줄 흐르는 눈물을 닦아가며 편지를 아버지에게 읽었다. 지금은 볼 수 없는 아버지. 하지만 그 영혼을 향해 몸부림치듯 그동안 하고 싶은 모든 말들을 격한 감정과 함께 쏟아냈다.

"그리고 아버지, 처음으로 아버지를 사랑한다는 감정을 느꼈어요. 난생처음 이런 감정을 가져봅니다. 아버지도 사랑받지 못하고 자랐기에 사랑하는 방법을 잘 모르셨겠지요. 하지만 알아도 그렇게 거칠고 투박하게 저를 대하셨지만, 그 속에 따뜻한 사랑이 숨어 있었다는 것을요."

기적이었다. 향원 씨 입에서 아버지를 사랑한다는 이야기가 졸졸 흐르는 시냇물처럼 흘러나왔다. 평생을 아버지를 원망하고 미워하며 살았던 향원 씨였다. 그러나 그것은 또 다른 속박이요 감정의 감옥일 뿐이었다. 아버지는 이미 돌아가신 지 오래되었지만, 아직도 향원 씨는 아버지의 지배를 강력하게 받고 있었다.

만약 당신이 누군가에 대한 감정이 불편한 그대로 남아 있다면, 그들이 이 세상에 있건 없건 당신은 강력하게 지배를 받는 것이다. 나는 이를 정서적 노예 상태라고 말한다. 향원 씨는 천도재를 통해 아버지에 대한 정서적 노예 상태에서 드디어 해방을 성취했다.

"천도재를 지내고 나서 정말 마음이 개운하고 가벼워요. 제가 아버지에게 처음으로 사랑의 감정을 느꼈다는 것 자체가 놀라워요. 마음이 마치 허공처럼 텅 빈 느낌입니다."

향원 씨는 천도재를 마치고 나서 전혀 새로운 사람으로 거듭 태어났다. 그동안 마음속에 마치 오랜 세월 찌들어 있던 두꺼운 때를 말끔히 벗겨낸 듯 홀가분했다. 얼굴 표정이 더욱 밝아졌고 에너지가 차원 높게 상승했다. 애써 외면하고 살았던 자신의 과거를 온전히 인정하고 껴안을 수 있게 되었다. 그러면서 자신을 짓눌렀던 과거의 아픔과 상처로부터 스스로 벗어났다.

천도는 옮긴다는 뜻이다. 고통의 세계에서 행복의 세계로, 어둠에서 빛으로 옮긴다는 말이다. 그런데 이것은 죽은 사람들만을 위한 것이 아니다. 살아 있는 사람들도 천도재를 지내다 보면 이런 천도를 경험한다. 향원 씨가 천도재를 지내면서 처음으로 아버지를 사랑할 때 그녀는 자신의 삶을 어둠에서 빛으로 스스로 옮겼다. 그것이 바로 천도재의 본질이다.

그녀는 자신의 삶을 어둠에서 빛으로 스스로 옮겼다. 그것이 바로 천도재의 본질이다.

부디 엄마를 용서해다오

미선 씨는 둘째 아들을 죽음의 장막 뒤로 먼저 보냈다. 그 과정은 매우 갑작스러웠고 심장을 도려내듯 아팠다.

"그렇게 허망하게 떠날 줄은 정말 몰랐어요. 평소에도 아이 아빠와 갈등이 많았는데, 그 일로 아이를 잃어버릴 거라고는 꿈에서도 생각하지 못했죠."

둘째 아들이 극단적인 선택을 했던 가장 큰 이유는 아빠와 겪었던 감정의 대립이었다. 보수적이고 가부장적인 아빠와 개방적이고 자유로운 둘째는 작은 것에서 큰일까지 사사건건 부딪쳤다. 일방적인 아빠는 자신의 의견을 강요했고 감수성이 예민했던 둘째는 그런 억압을 참지 못했다.

"그날도 그냥 작은 충돌로 생각을 했어요. 평소에도 서로 의견이 많이 대질렀거든요. 둘째가 하고 싶은 걸 아빠가 워낙 강하게 반대를 하니까 아이는 몹시 풀이 죽었어요. 저는 그런 둘째를 보고 대강 달래서 보냈거든요. 그렇게 보낸 길이 황천길이 될 줄은……."

미선 씨는 참았던 눈물을 소리 없이 쏟아 냈다. 온몸을 흐느끼며 그동안 애써 참고 살았던 마음속 멍을 드러내기 시작했다. 자식을 먼저 보낸 부모의 심정을 어디 말로 표현할 수 있으랴. 그것도 아이가 스스로 목숨을 끊어야 했던 상황, 그것을 막지 못한 엄마의 가슴은 천 갈래, 만 갈래 찢어진다. 그 응어리와 한은 하늘을 덮고도 남을 만큼 깊다. 미선 씨의 마음도 검은색 피멍이 들어 있었다.

"천도재를 제대로 모십시다. 떠난 둘째의 마음도 다 풀어야 하고 엄마의 영혼도 치유하고 정화를 해야 하거든요. 작정하고 한 번 해볼게요."
"그게 치유가 될까요?"
"세상에 모든 고통과 상처는 치유하고 정화할 수 있기에 존재하거든요."

사실 미선 씨는 아들을 그렇게 보낸 후 많은 정성을 들였다. 천도재도 여러 번 했고 무속인들 말을 듣고 하라는 대로 했다. 아들을 지켜주지 못했다는 죄책감을 어떻게 해서든 표현해야 했다. 그리고 아이의 영혼이 구천을 떠돌고 있을 거라는 생각만으로도 자신이 형벌을 받는 것처럼 힘들었다. 그래서 좋다고 하는 모든 것들을 하면서 아들을 위해 정성 들였다.

그런데 여기서 꼭 알아야 할 것들이 있다. 천도는 정성을 들인다고 다 효과가 있는 것이 아니다. 떠난 자와 남아 있는 자의 핵심적인 상처와 응어리를 정확히 풀어야 한다. 마치 용한 한의사가 맥을 정확히 짚고 핵심적인 혈 자리에 침을 놓아야 치료를 잘 할 수 있는 것과 같은 이치이다. 병의 근원을 잘 파악해서 어떤 에너지가 필요한지 알아야 한다. 그리고 실제로 그 에너지를 공급하고 망자가 깨어날 수 있도록 도와주는 것이 진정한 의미의 천도재이다.

그렇게 하기 위해서는 정말 많은 힘이 필요하다. 가장 중요한 것은 천도재를 인도하는 사람의 영적 능력이다. 죽은 사람의 영혼이 무엇을 말하고 싶어 하는지 그리고 어떤 상처와 응어리가 그들을 꽁꽁 묶고 있는지 정확히 알아야 한다. 그리고 재를 모시면서 그 정곡 하나하나를 잘 풀고 상처를 근본적으로 치유해야 한다. 살아 있는 사람도 같은 원리를 적용한다.

천도는 죽은 사람의 영혼만을 치유한다고 끝나는 게 아니다. 영혼들은 가까운 인연들과 보이지 않는 끈과 에너지로 연결되어 있다. 그래서 살아 있는 사람들의 마음속에 어떤 감정과 생각 그리고 기운이 있느냐에 큰 영향을 받는다. 그런 이유로 천도는 죽은 자만을 위한 것이 아니라 남아 있는 사람들을 정화해야 가능한 종합 치유 프로그램이다.

"부디 이 어리석은 엄마를 용서해다오. 너의 특성과 성향을 있는 그대로 받아주고 인정해 주지 못했던 우리의 옹졸한 마음을 용서해다오."

미선 씨는 한 줄 한 줄 편지를 읽었다. 그동안 가슴 속에만 간직하고 있었던 숨은 이야기들을 다 털어놓았다. 무엇보다 진실한 마음으로 용서를 빌었다. 그 용서는 죽은 아들에게만 청하는 것이 아니었다. 자기 스스로 꽁꽁 묶고 있던 죄책감에 대해 스스로에게 전하는 용서였다.

그녀는 진심을 다해 용서를 청하고, 그리고 용서를 받고 용서했다. 그때 그 상황 속에 놓여 있었던 모든 사람에게 용서를 청하고, 그리고 용서를 받고 용서했다. 무엇보다 자기 자신에게 용서를 청하고, 그리고 용서를 받고 용서했다. 그러면서 하나둘씩 가슴 속 깊이 묻어두었던 돌덩어리 같은 무거운 기운들을 내려놓기 시작했다.

"용서는 내려놓음이요, 자유요, 해방이요, 평화입니다. 먼저 떠난 아들에게 용서를 빌 듯 자기 자신과 아빠와 상황과 그 사건 자체에 용서를 청하고 용서를 받고 용서를 해보세요. 그것이 진정한 의미의 천도입니다."

미선 씨는 내가 전하는 메시지를 정확히 알아들었다. 그래서 천도재를 지내는 동안 진실한 용서를 경험했다. 무엇보다 자신에게 스스로 내린 형벌처럼 깊게 뿌리를 내리고 있었던 죄책감과 죄의식을 용서했다. 그것은 자신의 삶을 꽁꽁 묶고 있던 쇠사슬을 끊어 버린 것이다. 내가 자유를 되찾을 때 아들도 자유롭게 날아오를 수 있다. 그녀는 용기 있게 그 길을 선택했다.

"정말 마음이 개운하고 가벼워요. 소장님, 진심으로 감사합니다."
"장하세요. 둘째도 정말 행복한 마음으로 이제는 자신의 길을 찾아갈 겁니다. 다 그렇게 각자의 길을 신바람 나게 걸어가야지요."

천도재를 마친 미선 씨는 얼굴빛이 달라졌다. 마음을 스스로 열었고 기운이 바뀌었다. 훌쩍 떠난 아들을 통해 사실은 자신을 용서했다. 그게 맥이다. 떠난 사람에 대한 죄책감으로 스스로를 묶고 있는 것은 죽은 영혼에게 가장 나쁘고 어리석은 짓이다. 어둠의 동아줄로 영혼이 좋은 길로 가지 못하도록 묶어 두는 것과 같다. 살아 있는 사람들이 자유롭고 편안하고 행복해야 영혼들은 오히려 빛의 세계로 걸어간다. 그것을 모르고 계속 죄책감과 죄의식에 자신을 묻어 둔다면 앞서 간 영혼의 앞길을 가로막을 뿐만 아니라 자기 스스로의 영혼 길도 막아 버리는 일이다. 그래서 천도는 죽은 사람만을 위한 것이 아니라 살아 있는 사람을 위한 가장 중요한 치유와 정화 의식이다.

죽이고 싶었던 시어머니에게

끝도 없던 증오의 터널,
온 살점을 다 발라버려도
다 할 수 없는
피맺힌 눈물의 돌탑이여

그것이 삶의 흔적일 때
내 마음 한 조각을
너의 심장 두 조각으로
기우고 또 기워
천근 같은 갑옷을 입었노라.

불길처럼 타오르는
죽창 끝,
백금처럼 날카로운
세월 위로
동백꽃 꽃잎 회한……

그녀의 절규에 나도 모르게 한 줄기 시가 흘러나왔다. 온몸을 뒤
틀며 토해내는 지난 세월의 절망, 분노, 서러움. 그것은 거대한 폭포
가 되어 그녀를 삼켜 버렸다. 온 세상을 다 덮고도 남을 삶의 피멍들
이 솟구쳐 나왔다.

"소장님, 집안 전체 천도재를 모시고 싶습니다."
"무슨 일이라도 있으세요?"
"그냥 이번 참에 다 정리하고 다 털어버리고 싶어서요."

순심 씨는 조심스럽게 천도재를 부탁했다. 특히 시댁과 관련한 인
연들 전체를 모시고 싶다고 했다. 처음 이야기했을 때 나는 혹시 집
안에 무슨 일이 있냐고 물었다. 그러나 순심 씨는 그냥 담담하게 뭔가
근본적으로 정리하고 싶다는 말을 되풀이했다.

사실 대부분의 사람은 집안에 우환이 잦거나 큰일을 앞두고 있을
때 천도재를 요청한다. 또는 해결해야 할 문제가 닥치거나 원하는 바
가 있을 때 천도재를 모신다. 그런데 순심 씨는 그런 게 아니었다. 수
십 년 동안 마음을 누르고 있는 돌덩어리를 내려놓고 싶었다. 진정한
의미에서 이런 발원이야말로 가장 근본적으로 자신을 치유하고 정화
하는 길이다.

누누이 말했지만 살아 있는 사람이 스스로 치유하고 정화하면 돌
아가신 영혼에도 엄청나게 큰 도움을 준다. 같은 집안 또는 핏줄로 얽
혀 있는 사람들은 영혼도 서로 연결되어 있기 때문이다.

"그럼 정성스럽게 천도재를 모십시다."

"제가 뭘 준비해야 하나요?"

"재를 모실 때마다 하고 싶은 말을 편지로 써오세요. 어떤 말이라도 괜찮으니 있는 그대로 솔직하게 쓰는 것이 가장 중요합니다."

"누구에게 쓰나요?"

"제일 하고 싶은 말이 많은 사람부터 차근차근 쓰면 됩니다."

그렇게 순심 씨와 나는 집안 전체를 위한 합동 특별 천도재를 시작했다. 그런데 첫 재를 앞둔 어느 날 순심 씨가 전화했다.

"소장님~ 가슴이 떨리고 심장이 오그라드는 것 같아요. 할 말은 많은데 어디서부터 시작해야 할지 도무지 모르겠어요."

"그만큼 맺힌 게 많아서 그래요. 너무 어렵게 생각하지 마시고, 그냥 평소에 그 사람에게 해주고 싶었던 말들을 적으면 됩니다."

순심 씨는 자신의 과거와 마음속 전쟁을 치르고 있었다. 그 적군은 다름 아닌 시댁 식구들이었다. 적군의 우두머리는 역시나 시어머니였고 나머지는 시누이를 비롯한 많은 사람이었다. 그들은 천둥벌거숭이같이 순심 씨의 마음속에서 아직도 난동을 부리고 있었다. 반쯤 미친 망나니처럼 날뛰고 있었다. 그런 적군들을 다시 소환한다는 것만으로도 순심 씨의 마음을 갈기갈기 찢어졌다. 애써 외면하고 싶었던 과거의 아픔과 상처들이 마치 지금의 일처럼 떠오르는 것이 너무 괴롭고 두려웠다.

"처음에는 좀 힘들 수 있어요. 그러나 용기를 내서 그들에게 하고 싶은 말을 다 해야 합니다. 그래야 순심 씨가 자유와 평화 그리고 행복을 되찾을 수 있어요. 그렇게 마음에 맺힌 모든 것을 풀어야 아이들을 위해서도 좋아요."

순심 씨는 시댁 식구들에 대한 자신의 원한을 푸는 것이 아이들의 미래에 좋다는 이야기에 용기를 냈다. 정신을 가다듬고 수십 년 묵은 분노를 이제는 털어내야겠다고 다짐했다.

"도대체 왜 그러셨어요? 무슨 이유로 날 그렇게 때리고 욕하고 구박했어요? 그래서 당신이 얻은 게 뭐예요? 그렇게 며느리를 못살게 굴어서 행복했어요? 대답하세요. 대답을!"

첫 재를 모실 때부터 순심 씨의 감정을 끓어올랐다. 특히 시어머니에 대한 분노는 하늘을 뚫을 기세였다. 스무 살 언저리의 꽃다운 나이, 아무것도 모르고 시집을 온 그녀에게 시어머니는 그대로 악마였다. 하루에도 열두 번 때리고 욕하고 화를 냈다. 살림을 못 한다고 타박하고 반찬이 맛이 없다고 소리쳤다. 툭하면 밥상을 엎어버렸다. 동네가 떠나가게 악다구니를 썼다. 그 시절 누구나 겪어야 했던 시집살이를 훌쩍 뛰어넘고도 남을 상처와 괴로움의 나날이었다.

"내가 뭘 잘못했다고? 나이 어린 내가 뭘 그렇게 잘못했어요? 입이 있으면 말을 해봐요. 어린 며느리를 그렇게 괴롭히니까 좋아요?"

순심 씨는 평소 마음속에 갖고 있었던 시어머니에 대한 생각과 감정들을 모두 토해내기 시작했다. 때로는 격분하며 때로는 담대하게 자신의 응어리를 모두 풀어헤쳤다. 그 과정은 매우 뜨겁고 깊게 흘러갔다. 재를 거듭할수록 시어머니를 비롯해 자신의 마음속에 대못을 박았던 사람들을 하나씩 호출했다. 그리고는 그 당시 무서워서 못 했던 말, 서러워도 참았던 말, 어찌해야 할지 몰라서 머뭇거렸던 말을 생생하게 표출하기 시작했다. 나는 그 모습을 곁에서 지켜보면서 마치 한 편의 장편 서사시를 듣는 기분이었다. 한 사람의 영혼이 주변의 인연들과 이렇게 많은 사연과 감정을 경험하다니……. 더욱이 그 상처와 아픔을 수십 년 어제의 일처럼 간직하고 살고 있다니, 그것 자체를 신기하게 바라보고 있었다.

"당신을 죽이고 싶었어요. 이 세상에서 가장 고통스러운 방법으로 당신을 내 손으로 죽이고 싶었어요. 매일 밤 그런 상상을 했지요. 칼로 살점을 수만 번 도려낼까. 불에 태워 죽일까, 목을 매달아 숨을 헐떡거리는 모습을 바라볼까? 돌로 온몸을 쪼아 버릴까……. 내가 생각할 수 있는 가장 잔혹한 방법으로 당신을 죽이고 싶었어요."

그녀의 목소리는 어느새 담담해졌다. 처음 어쩔 줄 몰라 했던 분노도 원망도 격정도 사라졌다. 시어머니에게 쓴 편지를 읽어 내리는 동안 처음과 달리 흔들리던 그녀의 손이 고요를 되찾고 있었다.

"이제는 당신을 용서합니다. 나를 위해 당신을 내려놓습니다. 그동안 당신을 많이도 생각하고 증오했지요. 하지만 이제는 그렇게 살기 싫어요. 나의 영혼 속에 당신을 깨끗이 지워버리는 것이 나를 가장 행복하게 하고 자유롭게 한다는 것을 이제는 알았기 때문이지요. 그래서 당신을 용서하기로 작정했습니다."

그녀의 편지에서 용서라는 단어가 튀어 나왔을 때 나는 깜짝 놀랐다. 첫 재를 모실 때 시어머니에 대한 증오와 분노가 워낙 강해서 사실 걱정을 하고 있었다. 7재를 모시는 동안 순심 씨가 저 불같은 감정을 치유하고 정화를 마치지 못하면 몇 번의 재를 더 진행해야겠다고 생각했다. 그러나 내 예상을 깨고 그녀 스스로 시어머니에 대한 용서를 선택했다. 죽이고 싶었던 그 사람. 이 세상에서 가장 고통스럽게 죽임으로써 복수하고 싶었던 그 시어머니! 그러나 그런 마음을 갖고 사는 이상 순심 씨는 시어머니의 정서적 노예에 불과했다.

"이제는 각자의 길을 갑시다. 더는 서로의 인생에 얽히거나 관여하지 맙시다. 나는 나의 행복을 위해 살 겁니다. 자유롭고 평화롭게 내 길을 갈 거예요. 그러니 당신은 당신의 길을 가세요."

내가 굳이 알려주거나 설교하지 않아도 순심 씨는 스스로를 치유하고 정화했다. 무엇이 자신을 가장 행복하게 하는지를 깨달았다. 그리고 당당히 자유의 길을 걸었다. 그 과정에 시어머니라는 족쇄를 스스로 풀어버렸다.

"소장님, 정말 개운합니다. 마음이 참 가볍고 이제는 진짜 나의 행복을 위해서 살 거예요."

천도재를 마치는 날 순심 씨 당당하게 말했다. 그리고 해바라기처럼 환하게 웃으며 자신의 삶을 스스로 축복했다.

"오늘 드디어 시집살이에 마침표를 찍었네요. 축하해요. 대단하고 장하십니다."
"그러게요. 시어머니가 돌아가셨다고 시집살이가 끝난 게 아니었어요. 내 마음을 온전히 치유하고 정화한 오늘이 그야말로 마음의 시집살이를 완전히 끝낸 날이네요."

초등학교를 졸업하고 중학교에 입학하는 소녀처럼 그녀의 눈빛을 설레임과 새로운 희망으로 반짝이고 있었다.

천도는 죽은 자와 산 자의 새 출발이다.

모두가 하느님이십니다

깊은 한숨, 회한의 울림이 가득했다. 젊은 시절의 회상들이 땡볕
아래 솜사탕처럼 녹아내렸다. 그리고 뭔지 모를 사람 냄새 나는 정이
그를 꽁꽁 묶어 두었다.

처음 그를 만났을 때, 마치 방랑시인 김삿갓을 보는 듯했다. 얼굴
전체를 덮고 있는 수염은 덤불처럼 제 멋대로였다. 얼굴은 마치 참선
하다 급하게 뒷간으로 달려가는 달마처럼 보였다. 그러면서도 형형한
눈빛은 문학을 꿈꾸는 소년의 감성처럼 빛나고 있었다.

"소장님."
그는 나를 보자마자 사무실 바닥에 엎드려 큰절했다.
"아이구~ 왜 이러십니까? 바닥에서 무슨 큰절을 하세요!"

나는 버럭 소리를 질렀다. 가끔 기인이나 도인을 자청하는 사람들
이 차나 한잔할 요량으로 방문하는 경우는 더러 있었다. 그런데 이렇

게 넙죽 큰절하는 사람은 꿈에서도 본 적이 없어서 당황스러웠다.

　"그냥 너무 반가워서 그럽니다."
　"일단 앉으세요~"

　그는 나를 보자마자 빙그레 웃었다. 그러더니 그동안 살아온 자신의 이야기를 낡은 축음기에서 나오는 아련한 노랫가락처럼 풀어 놓았다. 물끄러미 그를 바라보며 앉아 있는 내게 묘한 인간적인 정이 아지랑이처럼 올라왔다. 한 시간 정도 대화를 했을까? 그의 인생은 소설 아니, 소설보다 더 격정적인 파노라마였다. 보통 사람은 100번의 생을 윤회해도 겪어 보지 못 한 일들을 어찌 그렇게 짧은 인생길에 경험했는지 놀라울 뿐이었다.

　"정말 기묘하고 다양한 인생을 사셨네요. 젊은 나이에 어찌 그런 소설 같은 일들을 겪으셨답니까?"
　"그러니까 말입니다. 지금은 그냥 쪽방촌에 살면서 그분들을 위해 아무 생각 없이 봉사하면서 사는 게 제일 좋아요."

　인생의 모든 것을 다 털어내고 찾아 들어간다는 쪽방촌. 그는 그곳에서 굉장한 유명 인사다. 대략 2,000명 정도가 산다는 그 마음에서 그는 반드시 있어야 하는 치유자였다. 지치고 갈 곳 없는 사람들의 몸과 마음을 치유하고 다독이는 소중한 역할을 하고 있었다.

그런데 그의 이야기를 들으면서 내 가슴이 먹먹하고 답답했다. 뭔지 모를 기운이 그를 꽁꽁 묶어 놓고 있다는 직감이 들었다. 신나게 벌판을 달려야 하는 야생마의 네 발에 집채만 한 바위를 묶어 놓은 느낌이었다. 훨훨 날아올라야 하는 봉황의 날갯죽지에 황소만 한 쇳덩어리를 주렁주렁 매달아 놓은 것만 같았다.

"도반님, 천도재를 좀 지내면 어떻겠어요? 일단 도반님의 에너지를 근본적으로 정화하는 것이 지금은 가장 중요할 거 같네요."
"네! 그렇게 하겠습니다."

너무 뜻밖의 대답이었다. 폭포수처럼 단박에 내 제안을 수용하는 그의 모습이 아리송했다.

"생각을 좀 더 해보고 결정하세요."
"아닙니다. 소장님께서 하라고 하시니 뭔가 중요한 뜻이 있겠죠. 바로 시작을 했으면 합니다."

나보다 더 적극적으로 천도재를 지내고 싶다는 그의 열망에 조금은 당황스러웠다. 그러나 이 또한 절묘한 인연의 하모니다. 그렇게 그는 마음을 냈고 정성스럽게 재비를 준비했다.

"휴, 휴, 휴~"

그는 천도재를 지내는 내내 계속 깊은 한숨을 몰아쉬었다. 아주 깊은 곳에서 올라오는 숨을 계속 내뿜고 있었다. 나는 천도재를 지내면서 별의별 일들을 다 경험한다. 그런데 이렇게 뱃고동 같은 한숨을 내쉬는 것은 몸과 기운과 영혼을 정화할 때 나타나는 대표적인 현상이다.

"자신도 모르게 쌓여 있던 온갖 응어리와 아픔과 상념과 상처 그리고 회한을 다 풀어내는구나."

나는 이렇게 확신했다. 내 등 뒤에서 그가 어떤 마음으로 재에 참석하고 있는지 그대로 느낄 수 있었다. 대나무가 한 마디를 야무지게 마감하고 다음 마디를 올리듯 그도 과거의 모든 삶을 마디 짓고 싶어 했다. 그 마디 위에 새로운 인생의 한 마디를 올리고 싶어 했다. 그 마음이 아주 간절하고 절박했다. 깊고 긴 한숨은 바로 그의 마음이었다. 그래서 울림이 컸다.

"좋네요."
"참 많은 곡절이 있는 인연들이군요. 영가들이 무척 미안해하네요. 도반님에게 너무 큰 잘못을 했다고요."
"그런가요."

첫 번째 재를 마치고 내가 건넨 말에 그는 짧게 한마디 했다. 그리고 바람처럼 사라졌다. 바람처럼 살아온 사람이니 훌쩍 떠나는 것이 그에게는 자연스러웠다. 하지만 차마 다 말할 수 없는 사연이 켜켜이 쌓여 있다는 것은 그의 뒷모습에 그대로 스며있었다. 구체적으로 알수는 없어도 재를 모시는 인연들과 무척 가슴 아픈 사연들이 많았던 것 같았다. 그 이야기보따리를 꺼내자니 새삼스럽기도 하고 고통스럽기도 했을 거다. 그래서 내 말에 겨우 한마디를 툭 던지고는 그는 못내 가버렸다.

"휴, 휴, 휴~"

2재를 모시고 3재를 모시고 그다음 재를 모실 때도 그는 한숨을 계속 내뿜었다. 그런데 묘한 것은 재를 거듭할수록 한숨의 강도가 잦아들었다. 거칠고 무거웠던 숨소리가 점점 부드럽고 잔잔해졌다. 무엇보다 그의 눈빛이 더욱 초롱초롱하고 얼굴의 에너지도 서서히 밝아졌다. 나는 사람의 에너지 변화를 매우 민감하게 포착한다. 작고 미세한 변화도 크게 알아차린다.

"많이 원망하고 한탄하고 미워했는데, 이제는 정말 마음에서 내려놓을 수 있네요."

그가 조심스럽게 입을 열었다. 재를 모시는 영가들과 어떤 구구절절 사연이 있는지는 말하지 않았다. 그러나 분명한 것은 그들과 얽히고설킨 묵은 과거에서 그는 당당히 벗어나고 있었다. 그러다 6재를 맞이했다.

"이 모든 분이 하느님이십니다. 그저 있는 그대로 완전하고 영원한 존재들이십니다."

나는 그의 말에 깜짝 놀랐다.

"오늘 6재를 모시기 위해 재실로 들어와 위패를 보는 순간, 그동안 느낄 수 없었던 정말 깊고 환한 깨달음을 얻었어요. 저분들도 나도 모두 있는 그대로 하느님이구나. 완전하고 영원하고 모든 것을 이미 다 갖추고 있는 하느님이구나. 이런 강렬한 메시가 온 마음으로 퍼졌어요."

그는 정말 환하게 웃으면서 말했다. 진짜 깨달음을 얻어 환희에 차 포효하는 수행자 같았다. 눈과 얼굴 그리고 온몸에 흐르는 에너지가 별처럼 빛나고 있었다.

그는 자신을 위해 천도재를 지냈던 거다. 물론 시작은 자기와 묶여 있는 인연들이었지만 그것은 시작의 단초를 제시했을 뿐이다. 결국, 자기 마음속 깊이 묻어 두었던 수많은 어둠을 빛으로 치유하기 위해 천도재를 용기 있게 선택했다.

"정말 개운합니다. 이제는 진짜 새롭고 행복하고 의미 있는 인생을 시작할 수 있겠어요. 하늘의 명을 따라 뭔가 인류를 위해 봉사하고 싶네요."

　천도재를 다 마치고 그가 힘주어 한 말이다. 어둠의 거리에서 쓰레기통을 뒤지며 하루하루 연명했던 그였다. 자기 삶이 저주 속에 버림받았다고 굳게 믿었던 그였다. 갈팡질팡 어디로 가야 할지 몰라 술에 절어서 살던 그였다. 그러나 그는 분명 변했다. 자신의 길을 찾고 소명을 생각하며 의미 있는 인생을 조각하기 시작했다. 꿈과 희망의 시를 짓고 더 큰 미래를 구상하기 시작했다.

　그는 천도재를 통해 자신의 과거를 떠나보냈다. 그리고 다시 태어났다. 자신의 삶에 스스로가 하느님이라는 진리를 깨달으면서……

자신을 사랑해주세요

튤립을 자주 그렸던 소녀 셀라. 그 아이와 천도재를 통해 소통하면서 많은 대화를 나눴다. 셀라가 왜 이 세상에 왔는지 가족들과는 어떤 인연이 있는지 말해주었다. 셀라가 가장 마음 아팠던 것은 무엇이었는지도 알려줬다. 재를 지내면 지낼수록 셀라는 혼자만 간직하고 있었던 수많은 이야기를 쏟아냈다. 나는 마치 맑은 거울처럼 셀라가 하는 말을 그대로 비춰주었다.

한 번을 정성스럽게 재를 모시고 있는데 마음속에서 이런 음성이 들려왔다.

"엄마는 방랑하는 수도자였어요. 글쓰기를 좋아하고 예술을 사랑했어요. 여기저기 돌아다니면서 사람들을 깨우던 유럽의 수도승이었죠."

셀라의 영혼은 자기 가족의 전생 이야기에 대해 말해주었다. 영혼들은 전혀 예상하지 못한 방식으로 자신들이 하고 싶은 이야기를 한다. 우리가 우리 생각과 삶에 취해 그 말들을 다 못 들을 뿐이다. 천도재는 영혼과 직접 소통하고 그들이 하고 싶은 이야기를 듣는 대화의 시간이다. 그래서 재를 지내다 보면 뜻하지 않은 사연들을 알 수 있다. 그리고 그 사연이 이생에서의 삶과 어떻게 연결되어 있는지 깨닫게 해준다.

"아빠는 투우사였어요. 아주 거칠고 공격적인 성격을 가지고 있는 인기 있는 투우사였죠."

"그럼 엄마와 아빠는 어떻게 만난 거야?"

"어느 날 아빠가 투우장에서 소를 잔인하게 죽이는 모습을 목격한 엄마는 정말 가슴이 아프고 안타까운 마음에 결심했어요. 아빠의 영혼을 정화해야겠다고……."

"그럼 그때도 아빠가 남자였고 엄마가 여자였니?"

"아뇨, 둘 다 남자였어요."

"그럼 어떻게 엄마는 아빠의 영혼을 어떻게 정화했어?"

"처음에는 그냥 간절히 기도했어요. 아빠의 그 난폭한 성미와 잔인함을 사랑으로 녹이기 위해 정성을 다해 기도했죠?"

"그래서 효과가 있었니?"

"전혀요. 아빠는 더욱 광폭해졌고, 소를 잔인하게 죽일 때마다 쾌감과 희열을 느꼈어요. 엄마는 기도만으로 안 되겠다고 생각해서 아빠의 술친구가 되기로 작정을 했죠."

"아빠의 곁에서 그를 회개시키려고 했구나."

"맞아요! 그래서 둘은 아주 가까운 친구가 되었는데, 그만……."

갑자기 내 가슴이 먹먹해졌다. 마음속에서 흐느껴 우는 소리가 들렸다. 셀라는 온몸을 부들부들 떨면서 안타까움의 늪에 빠진 낙엽처럼 흐느꼈다.

"왜 그러니, 셀라야~"

"아빠와 엄마는 정말 서로를 믿고 의지하는 친구가 됐는데, 그만……. 술집에서 시비에 휘말렸어요. 별일 아니었는데, 싸움이 커졌어요. 그런데 아빠가 휘두른 주먹에 엄마가 잘못 맞아, 그만…… 죽고 말았어요."

소름이 돋았다. 셀라는 마치 영화의 한 장면을 묘사하듯 아빠와 엄마의 전생 이야기를 생생하게 전해줬다.

"그래서 아빠는 어떻게 됐어?"

"의도하지 않게 살인자가 됐잖아요……. 너무 두려운 나머지 도망 다니다가, 스스로 목숨을 끊었어요."

"그 인연으로 엄마와 아빠가 이생에서 다시 만난 거였구나."

"네, 맞아요!"

맥이 풀렸다. 셀라가 전해주는 자기 가족들의 전생 이야기는 뭐라고 말할 수 없을 정도로 안타깝고 가슴 아픈 드라마였다. 나는 셀라가 알려준 이야기를 엄마에게 다 전할 수는 없었다. 그래서 그냥 간단하게만 알렸다.

"엄마는 전생에 방랑하던 수도승이었대요. 아빠는 투우사였다고 하더군요."
"세상에나! 그래서 남편은 소 혓바닥 요리를 그렇게 좋아하는군요."

셀라의 엄마는 내 이야기를 듣고 깜짝 놀랐다. 자신도 평소 전생에 대해 많은 관심을 갖고 있었다. 그런데 내가 전해준 이야기는 자기 생각과 너무 일치하는 면이 많았다. 특히 남편의 마음속에 있는 두려움과 잔인함. 그리고 어두운 살기의 그림자가 왜 그런지 알 수 있었다. 무엇보다 남편이 왜 그렇게 소의 혓바닥 요리를 환장하듯 좋아했는지 깨달았다고 했다.

셀라의 엄마는 남편의 마음속 깊이 스며들어 있는 두려움과 잔인함, 그리고 분노의 에너지를 몹시 힘들어했다. 자신의 주파수와 전혀 맞지 않는 상대였다. 겉으로는 늘 자상하고 사람 좋은 이웃 아저씨 같은 남편이었다. 하지만 아내만이 느낄 수 있는 싸늘하고 무서운 기운이 있었다. 거기에 대한 가장 근원적인 이유를 셀라는 알려줬던 것이다.

"오빠는 시인이었다고 하네요. 그래서 그냥 하고 싶은 대로 하면서 살게 놔주라고 했어요."

"어쩐지. 남자아이가 너무 감성이 풍부하고 예민하다고 생각했는데. 시인의 영혼을 갖고 태어나서 그렇군요."

셀라는 자기 오빠에 관한 이야기도 나에게 전해주었다. 그리고 나는 셀라 엄마에게 말했고 그녀는 깜짝 놀라며 아들을 이해하는 데 큰 도움을 받았다고 했다.

"그럼 이 가정에 너는 왜 온 거니?"

"알려주고 싶었어요. 엄마 아빠가 얼마나 소중한 존재인지. 그리고 서로를 사랑하고 서로에게 집착하기 전에 무엇을 먼저 해야 하는지를요?"

셀라는 에너지 차원이 높은 영혼이었다. 나는 처음 셀라를 봤을 때 바로 느꼈다. 셀라가 전생에도 깊은 명상과 수행을 하던 스승의 영혼이라는 것을, 그리고 첫 재를 모실 때부터 뭔가 남다르다는 사실을 알아차렸다.

"그럼 너는 엄마와 아빠의 영혼을 깨우기 위해 이 집에 온 거구나?"

"네. 그런데 엄마는 거의 깨어났는데 아빠가 깨어날 생각을 하지 않아요. 그래서 많이 슬프고 힘들었어요. 내가 역할을 제대로 못 해서 그런 것 같아서 마음이 아팠어요."

"그래서 셀라가 모든 책임을 짊어지고 이렇게 훌쩍 떠난 거니?"

"네, 제가 할 수 있는 일을 다 했기 때문에 떠날 수밖에 없어요."

"그랬구나. 우리 셀라가 그랬구나."

마음이 숙연하고 애잔했다. 작고 여린 여자 아이였지만, 그 영혼은 위대한 스승이었기에 더욱 울림이 컸다.

"이 말을 꼭 엄마와 아빠에게 전해주세요."

"뭔데?"

"자신을 진심으로 사랑하라고요. 그것만이 서로를 행복하게 한다고요."

"그 말을 정말 하고 싶었구나?"

"네, 사랑을 서로에게서 바라기보다 엄마나 아빠나 오빠나 자신이 자신을 가장 깊게 사랑했으면 좋겠어요. 그게 제가 바라는 마지막 소망이에요."

나는 셀라의 말을 그대로 엄마에게 전했다.

"그거였군요. 셀라가 우리에게 꼭 알려주고 싶었던 메시지가 바로 그거였군요."

셀라의 엄마는 흐느꼈다. 작고 예쁜 고사리손으로 튤립을 그리고 종달새 같은 목소리로 노래를 부르던 셀라. 그 아이가 가족을 위해 가장 귀한 메시지를 마지막으로 전하고 빛이 되었기 때문이다.

엄마가 꽃길을 가셨어요

"소장님 너무 무서웠어요."
"무슨 일 있었어요?"

미향 씨는 한동안 말을 잇지 못했다. 어두운 그늘에 휩싸인 아이처럼 불안한 눈빛으로 나를 바라봤다.

"얼마 전에 꿈을 꾸었는데 팔다리 없는 남자가 피를 철철 흘리면서 나타났어요. 그리고는 계속 살려달라고 울부짖었어요. 아무리 무서워서 뭐라고 말도 못 하고 그냥 떨고만 있었어요."
"혹시 이번에 천도재 모시는 분 중에 전쟁 중에 돌아가신 영혼이나 큰 사고로 죽은 사람이 있나요?"
"친정어머니가 우리 아버지와 살기 전에 결혼한 남편이 있어요. 그런데 6·25가 터지는 바람에 전쟁터로 끌려가서 죽었대요."
"그 영혼이 찾아왔군요. 아마 전투 중에 비참하게 전사했을 거예요."

"천도재 지내는 줄 어떻게 알고 찾아왔을까요?"

"영혼은 죽은 사람의 의식이에요. 그런데 그 의식은 살아 있는 동안에 형성되거든요. 그렇게 형성된 의식은 가까운 곳을 찾아서 머물러요."

"돌아가신 지 한참 됐는데 어떻게 알고 올 수 있나요?"

"의식은 시간과 공간을 뛰어넘어 서로 통합니다. 몸은 한국에 있지만, 마음은 얼마든지 다른 나라를 갈 수 있듯이요."

미향 씨는 오래전부터 집안 전체 특별 천도재를 발원하고 있었다. 자손 된 도리이기도 하고 봄을 맞이하거나 귀한 손님을 초대하면 반드시 대청소를 한다. 천도재는 새로운 좋은 기운을 맞이하고 행운을 초대하기 위한 에너지 대청소이다. 미향 씨는 평소에 내가 강조한 이런 이야기를 늘 귀담아듣고 있었다. 그러던 차에 정성을 모아 집안을 위한 특별 천도재를 올리고 있었다. 첫 재를 마치자마자 6·25 전쟁에서 전사한 엄마의 전남편이 찾아온 것이다.

"소장님, 또 꿈을 꾸었어요."

"이번에는 누군가요?"

"둘째 오빠가 우리 집에 오셨어요. 너무 반가워 맞이를 하는데 아무 말 없이 집안을 둘러보더니 맑은 백수정을 들고 가셨어요."

"천도를 제대로 받으시는군요."

144 | 145

미향 씨의 둘째 오빠는 미국에서 생활했다. 그런데 안타깝게도 코로나19로 갑작스럽게 세상을 떠났다. 미향 씨는 정이 깊었던 오빠를 위해 천도재를 모시고 싶었지만, 당시에는 형편이 여의치 않았다. 그런 오빠가 집안 천도재를 지낸 지 얼마 되지 않아 꿈에 나타난 것이다.

"백수정은 치유와 정화의 돌이에요. 오빠가 그것을 들고 가셨다는 것은 마음에 모든 서운함과 섭섭함을 풀고 천도를 잘 받으신다는 뜻입니다."

"정말 반갑고 좋은 꿈이네요."

미향 씨는 천도재를 거듭할수록 천도재를 모시는 조상과 가족들에 대해 현몽했다. 천도재 명단에 올려 축원하는 대부분의 영혼이 한 번씩은 다 나타나 각자가 하고 싶은 말이나 행동을 했다. 그중에서도 가장 깊은 정이 있는 엄마와의 꿈을 신기하고 놀라웠다.

"엄마와 함께 목욕탕을 가는데요, 입구에서 통행료를 내라는 거예요. 그랬더니 엄마는 안 들어간다고 해서 실랑이를 했어요. 나는 그런 엄마에게 이번에는 꼭 목욕을 제대로 해야 한다고 설득하고 또 설득했죠. 그랬더니 엄마는 어쩔 수 없이 목욕탕 안으로 입장료를 내고 들어가는데 이번에는 자꾸 다른 데로 가는 거예요. 탕으로 들어가야 하는데 엉뚱한 곳으로 가려고 해서 제가 잘 인도해서 겨우겨우 목욕탕 안으로 들어갔어요."

미향 씨의 어머니는 정말 기구하고 가련한 인생을 살았었다. 말년에는 치매로 자기 딸도 알아보지 못하고 쓸쓸하게 세상을 달리했다. 그런 어머니가 편안하게 천도를 받을 리는 만무했다. 이런 경우 재를 모시는 재주의 마음가짐이 정말 중요하다. 마지막 효를 다한다는 심경으로 정성을 들여야 영혼들이 더욱 감응해서 천도를 잘 받을 수 있다. 이러한 이치를 잘 알고 있었던 미향 씨는 마음을 다했을 뿐만 아니라 꿈에서도 어머니를 잘 설득하고 안내했다.

　　"이복 오빠가 소금을 잔뜩 짊어지고 와서 옛날 시골집 마당에 가득 쌓아주고 갔어요."
　　"정말 좋은 꿈이네요. 이복 오빠도 이번 천도재를 통해 좋은 곳으로 가려나 봅니다."
　　"아버지와 사이가 안 좋았던 오빠가 있었는데요, 처음에는 아버지가 오빠를 흙탕물에 처박고 막 싸웠어요. 그런데 갑자기 둘이 화해하더니만 함께 시골집에 쌓여서 썩고 있는 낙엽을 빗자루로 깨끗하게 쓸어 냈어요."

　　이처럼 미향 씨는 천도재를 지낼수록 더욱 생생한 꿈을 꾸었다. 영가들이 평소에 품고 있던 원한과 아픔을 풀어버리는 내용이 대부분이었다. 그런데 신기한 것은 남편의 반응이었다. 집안 천도재를 지내는지 전혀 몰랐던 남편이 어느 날 이런 말을 했다.

"아버지 돌아가시고 한 번도 안 나오더니만, 어제는 꿈에 나왔어."

"정말요? 뭐라고 하셨어요?"

"나 어디 좋은 데로 단체 여행을 가는데, 엄마에게는 절대 알리지 말라고 하던데. 얼굴에 살이 찌고 빛이 나면서 아주 좋아서 싱글벙글 웃더라고."

미향 씨는 남편에게 천도재에 대해 일체 이야기 하지 않았다. 말을 했다가는 분명 쓸데없는 짓을 한다고 타박을 할 것이 뻔했기 때문이다. 그러나 자신의 집안 뿐 아니라 시아버지를 비롯해 시댁 조상들도 명단에 올렸다. 그런데 돌아가신 이후 수년이 흐르는 동안 단 한 번도 꿈에 나타나지 않았던 시아버지가 남편 꿈에 나타난 것은 정말 신기한 일이었다.

그러던 미향 씨는 천도재 마지막을 앞두고 어머니에 대한 너무 생생한 꿈을 꾸었다.

"엄마가 꿈에 나왔는데 아주 단정하고 깔끔한 한복을 입고 나를 물끄러미 바라보고 있었어요. 그래서 내가 엄마를 껴안았는데 서로 하염없이 울었네요. 밤새 울다가 엄마가 미소를 짓더니 이제는 간다고 하시는 거예요. 그리고 말없이 뒤도 안 돌아보고 담담히 길을 걸어가는데 양쪽 길가에 흰 국화가 정말 탐스럽게 만발했어요. 국화꽃이 얼마나 예쁘게 피었던지 저 멀리 사라지는 엄마의 뒷모습과 함께 정말 아름다웠어요."

치유하고 정화하고 축복하며

이것이 미향 씨는 천도재를 지내면서 꾼 마지막 꿈이었다.

왜 나를 말리지 않았어?

"도반님, 혹시 집안 중에 자살한 사람 있나요?"
"글쎄요. 잘 모르겠는데요."
"한 번 알아보세요. 천도재를 지내는데 '너무 억울해~ 너무 억울해~'하는 소리가 자꾸 올라와서요."

한 도반의 집안 천도재를 모시는 동안 내 마음속에서 자꾸 올라오는 느낌과 음성이 있었다. 사람이 죽음을 편안하게 맞이하지 않고 자살을 하거나 사고로 떠났을 때 영혼들의 고통은 상상을 초월한다. 그것이 마치 커다란 눈덩어리처럼 영혼들을 덮고 있다가 천도재를 지내면서 슬슬 녹아내린다. 그 과정에 다양한 메시지와 느낌 그리고 음성이 내 마음속에서 올라온다.

"소장님, 사촌오빠가 자살했대요. 막내 삼촌이랑 심하게 싸우고 나서 교통사고를 냈는데 그게 자살이었나 봐요. 저도 전혀 몰랐는데 어머니께 여쭤보니 조심스럽게 말씀해주시네요."

"그런 일이 있었군요."

나는 그 영혼의 억울함을 달래주기 위해 더 정성스럽게 재를 모셨다.

"너무 억울해요~ 너무너무 억울해요~"

내 마음속에서 계속 억울함을 호소하는 메시지가 올라왔다. 그 메시지의 강도를 느낄 때 영가가 죽기 직전 누명을 쓰고 그 분함을 못이겨 자살했다는 확신이 들었다. 그러면 이럴 경우 어떻게 천도해야 할까?

우선 재를 모시는 사람의 마음이 더욱 텅 비어야 한다. 천도를 잘해야 한다거나 더욱 정성을 들여야겠다는 다짐은 오히려 방해될 뿐이다. 애틋하고 불쌍한 마음을 갖는 것도 도움이 되지 않는다. 그냥 마음을 허공처럼 텅 비워야 한다. 지극히 맑고 지극히 고요하며 초롱한 마음을 간직하는 것이 가장 중요하다. 천도재를 지내는 사람이 모든 상념과 분별을 넘어서서 오직 청정한 마음을 회복하면 그때부터 모든 영가의 아픔과 상처가 스스로 녹기 시작한다.

아무리 수만 년 얼어붙은 빙하라 할지라도 뜨거운 태양이 솟아올라 비추면 소리도 없이 녹아내리는 이치와 같다. 그런데 그 마음의 태양이 뜨기 위해서는 재를 모시는 사람의 마음이 텅 비어야 한다. 그러면 마음의 태양은 저절로 뜬다. 그 빛에 부처님이나 성인들의 말씀을 실어 전해주면 된다. 영가들이 겪은 모든 삶의 경험들이 사실은 실체가 없는 허상이다. 그때 잠시 잠깐 나타난 드라마의 한 장면이기에 그것이 다만 드라마인 줄 깨달으면 바로 그 고통에서 벗어날 수 있는 것이다.

"도반님, 친구가 마지막에 어떻게 떠났는지 몰라도, 자꾸 왜 이제야 찾아왔냐고 하네요."

"그 친구 자살했어요. 그 친구의 자살을 지금까지고 인정할 수 없어 외면하고 살았네요. 그 생각을 하는 것만으로도 고통스럽고 숨이 막혀서요."

"그랬군요. 그래도 친구는 도반님을 기다리고 있었어요. 그러니까 왜 이제야 찾아왔냐고 했군요."

어느 날 싸늘한 주검으로 돌아온 친구를 마주하는 것이 진수 도반은 너무 힘들었다. 그것을 떠올리고 생각하는 것만으로도 온몸이 굳어질 정도로 고통스러웠다. 그래서 진수 도반은 철저히 친구의 죽음을 외면하고 애써 기억 속에 지웠다. 그러던 어느 날 더는 이렇게 놔둘 수 없다고 생각해서 집안 천도재와 함께 친구도 재를 모셨다. 그 친구도 진수 도반의 마음을 알기에 나를 통해 메시지를 전했던 것이다.

"왜 나를 말리지 않았냐고 말하는 친구가 있네요"

진수 도반은 내 말을 듣더니 눈빛이 흔들렸다. 고개를 숙이고 잠시 머뭇거리더니 조심스럽게 말을 이어갔다.

"고등학교 졸업하고 저에게 전화했던 친구가 있었어요. 여러 가지 힘든 일이 있었는데, 그때 제가 말렸어야 했어요."
"무슨 일이 있었나요?"
"저와 통화한 이후 술을 먹고 교통사고로 즉사했습니다."
"저런, 그래서 왜 나를 말리지 않았냐고 말했군요."
"그때 제가 술 먹지 말고 더 좋은 생각을 하고 마음을 잘 잡으라고 이야기했다면, 그 친구는 죽지 않았을 거예요. 저에게 마지막 위로와 희망의 말을 듣고 싶어서 전화했었는데, 저는 제대로 답해주지 못했어요."

진수 도반의 눈에서는 뜨거운 눈물이 소리 없이 흘러내렸다.

*　| 4부

빛으로
부활
하소서!

치유는 선물이요, 정화는 축복이다

　세상을 살아가면서 어쩔 수 없이 보내야 하는 인연들이 있다. 가슴 한편을 도려내는 아픔을 간직하고 그저 미안한 마음을 뒤로한 채 흘려보내는 생명이 있다. 바로 낙태나 유산한 아기들이다. 나는 천도재를 지낼 때 재주가 여성인 경우는 반드시 이 부분을 물어본다.

　"도반님, 혹시 낙태나 유산한 생명이 있나요?"
　"아니, 없는데요."
　"무슨 말씀이세요. 재를 지내는데, 세 명 있다고 울부짖던데요."
　"어마나! 그걸 어떻게 아셨어요?"

　재를 지내면서 이런 경우는 정말 많다. 대부분의 여성이 낙태나 유산에 관한 내용을 숨기고 싶어 한다. 충분히 그럴 만하다. 일단 그런 과거가 있었다는 사실 자체가 싫다. 무엇보다 깊은 죄책감과 미안함이 심장을 오그라들게 한다. 그뿐만 아니라 이런 사실이 알려지는 것은 너무 수치스러운 일이라 믿는다. 그런데 나는 관점이 많이 다르다.

"도반님, 내가 책임질 수 없었던 아기들을 천도하는 것은 단순히 아기들만을 위해 필요한 게 아니에요."
"그럼 누구를 위한 것인가요?"
"도반님 자신을 위해 가장 필요한 치유와 정화의 과정입니다."
"아기들 천도재를 지내는 것이 치유와 정화에 도움을 주나요?"
"그럼요. 절대적으로 중요합니다."

어느 날 한 여성 청년이 조심스럽게 말문을 열었다. 이제 30대를 조금 넘긴 건실한 사람이었다.

"소장님, 저기, 있잖아요……."
"네, 나 여기 있어요."
"그게 아니라……."
"아니긴 뭐가 아니래요? 왜, 천도재 지내고 싶어요?"
"네?"

유화 도반은 깜짝 놀랐다.

"아주 잘 생각했어요. 천도재는 근원적인 수치심을 치유하고 정화하는 정말 중요한 과정입니다."

"천도재를 지내면 제 마음이 더 건강해질까요?"
"그것은 당연하고요, 놀라운 성장을 경험할 거예요."

유화 도반은 이래저래 사연이 많은 사람이었다. 짧은 인생을 살았지만, 마음에 깊은 상처가 많고 무엇보다 자신에 대한 깊은 수치심으로 꽁꽁 묶여 있었다.

"저는 제가 너무 보잘것없고 부끄러워요."
"어려서부터 그런 생각을 많이 했지요?"
"네~ 늘 주변으로부터 버림받았고 내 의견조차 제대로 표현할 수 없을 만큼 바보처럼 살았어요."

이런 그녀에게 낙태와 유산은 더 깊은 상처와 어둠으로 남아 있었다.

"그동안 여러 명의 남자를 만났어요. 그중에는 정말 사랑한 사람도 있었고요. 그 사람과 결혼해서 아이도 낳고 행복하고 단란하게 사는 것이 거의 유일한 꿈이었었어요. 그런데 그 꿈마저 산산이 부서졌죠."

낮은 자존감과 무의식적인 자기멸시가 그녀의 마음병이었다. 거기에 낙태와 유산이라는 경험은 더 큰 고통의 씨앗을 안겨주었다.

"그래, 나 같은 쓰레기가 아이를 어떻게 키우겠어. 나를 찾아온 아기들도 지켜주지 못하는 내가 무슨 행복을 바라겠어? 어차피 난 바보인데."

그녀의 생각은 이런 틀 속에서 평생을 맴돌았다.

"그런 마음은 잠시 내려놓고 일단 정성스럽게 천도재를 올립시다."
"저는 뭘 준비할까요?"
"재를 지낼 때마다 편지를 써오세요. 그냥 하고 싶은 말을 나오는 대로 적어오세요."

나는 정성을 다해 천도재를 준비했다. 그리고 유화 도반도 마음을 다해 편지를 준비했다.

"아가들아~ 너희들을 못 지켜줘서 미안하고, 이 못난 엄마를 용서해주고, 우리 나중에 웃은 얼굴로 다시 만나자."
"아니! 다시 만나지 않아! 그럴 필요 없거든!"

갑자기 내 마음속에서 폭풍 같은 소리가 올라왔다. 특히 다시 만나자는 대목을 유화 씨가 읽을 때 더욱 강렬하게 올라왔다. 그러더니 재를 지내는 동안 아기들의 메시지가 더욱 정확하게 들어왔다.

"우리는 스승의 영혼들이야. 세상에 빛을 전할 높은 차원의 의식들이라고. 당신이 우리를 선택한 것이 아니라 우리가 당신을 선택해 세상으로 나가려 했던 거야. 하지만 당신은 너무 준비가 안 돼 있었지. 무엇보다 우리는 사랑의 에너지가 많이 필요해. 그래야 더 좋은 주파수로 세상에 나가 큰일을 하니까. 그런데 당신은 자신을 너무 미워하고 싫어해. 그래서 우리는 몇 번이고 기다렸어. 당신이 깨어날 때까지. 하지만 아직 당신의 의식은 어둠 속에 있고 그래서 우리는 더 이상은 안 되겠다 싶어서 떠나기로 결정한 거야. 더 높고 넓은 세상으로 나갈 징검다리를 다시 찾기로 했고 이번에 정말 절호의 기회를 마련해줘서 고마워. 우리는 정말 기쁘고 행복하고 즐거워. 그런데 왜 우리가 다시 만나야 하지?"

메시지는 놀라웠다. 내가 처음 유화 도반을 봤을 때 영적 에너지와 관련이 깊은 사람이라는 것을 직감적으로 알 수 있었다. 그런데 천도재를 지내면서 아기들의 메시지를 들으니 더욱 선명한 그림이 떠올랐다.

"소장님, 이게 무슨 내용인가요? 전혀 이해할 수가 없어요."

내가 아기들로부터 받은 메시지를 유화 씨에게 들려주자 그녀는 깜짝 놀랐다. 나도 사뭇 놀랐는데 그녀는 오죽했으랴.

"영혼이나 의식의 세계는 우리가 생각하는 것과는 전혀 다릅니다. 우리는 3차원으로 바라보고 사고하지만, 영혼이나 의식의 세계는 4차원을 훌쩍 넘어서거든요."

"그럼 내가 아기들을 선택한 것이 아니라 아기들이 나를 선택해서 왔었다는 건가요?"

"그렇죠. 높은 차원의 영혼들은 자신이 부모를 선택해서 옵니다. 스스로의 소명을 완성하기 위해서죠."

"그렇게 나를 찾아왔는데, 내가 준비가 안 돼 있으니까 스스로 생명을 반납한 건가요?"

"그렇게 볼 수 있어요. 그런데 의식으로 머물 때는 아주 높은 주파수였다 해도 엄마에게로 들어오는 순간 엄마의 영향을 절대적으로 받아요. 그래서 생명은 반납했다 해도 스스로 천도를 할 수 없었던 거죠."

"그래서 좋아하는 건가요? 이제는 정말 원하는 곳으로 갈 수 있으니까?"

"그렇죠. 천도재를 시작하면서 아주 잔치, 잔치~ 열렸다고 방방 뛰며 좋아했어요."

"다 이해할 수는 없지만 뭔가 마음 깊은 곳에서 뭔가가 녹는 느낌이네요."

죄책감과 수치심이 녹는 체험이다. 유화 도반은 천도재를 통해 진정한 치유와 정화가 무엇인지 느끼고 경험했다.

치유는 상처를 보듬어 안아주는 것이다. 그런데 대부분의 사람은 상처를 외면하거나 극복하려고 애를 쓴다. 유화 도반은 주로 상처를 외면했다. 그것을 바라보는 것만으로도 너무 힘들고 고통스럽기 때문이다. 하지만 상처는 외면한다고 사라지는 것이 아니다. 등에 커다란 점이 있는 사람이 있다. 그 사람은 등에 있는 점이 너무 싫고 수치스럽다. 거울에 비춰 볼 때마다 큰 절망감과 고통을 느낀다. 그래서 다시는 바라보지 않기도 하고 실제로 쳐다보지 않고 살았다. 하지만 그 점은 그 자리에 그대로 있다.

천도재를 지내는 동안 많은 사람이 자신의 상처를 바라본다. 그리고 용기를 내서 보듬어 안아준다. 그것은 대단한 치유의 과정이다. 살아있는 사람뿐만 아니라 영가들도 마찬가지다. 나는 천도재를 모실 때마다 어떻게 하면 돌아가신 분들의 마음을 더 깊게 치유할 수 있을까를 정말 많이 연구한다. 그리고 마음으로 천도재를 모신다. 그래서 천도재를 지내고 나면 영가들은 물론이고 살아있는 사람도 정말 편안하고 행복하다.

정화는 상처에서 벗어나는 것이다. 수치심에 땜질을 해봐야 죄책감으로 자란다. 미안함을 수리해봐야 좌절감으로 변한다. 정화는 마음의 모든 어둠과 고통 그리고 상처를 깨끗이 씻는 과정이다. 진리의 빛으로 우주의 에너지로 그리고 성인들의 말씀으로 모든 찌꺼기를 말끔히 목욕하는 과정이다. 그러면 비로소 어둠에서 벗어난다. 고통과 억압에서 훨훨 날아오른다. 영가들도 그렇고 재를 지내는 사람도 그렇다. 그래서 천도재를 지내고 나면 개운하고 홀가분하다는 이야기를 두 군데서 동시에 한다.

천도재는 치유와 정화가 핵심이다. 이것을 제대로 알고 깨친 사람만이 사실 천도할 수 있는 능력이 있다. 그리고 살아 있는 사람도 치유와 정화를 경험한다. 그래서 천도재는 재탄생을 위한 가장 근본적이고 거룩한 영적 성장 과정이다.

천도가 장난입니까?

"소장님, 굿을 여러 번 했어요."
"몇 번이나 했어요?"
"네 번이요."
"저런, 돈도 많이 들었을 텐데…….."
"육 천만 원 정도…….."

그녀도 나도 할 말을 잃었다. 나는 그동안 굿이나 퇴마 의식에 시간과 열정 그리고 돈을 낭비한 사람들을 너무 많이 봐왔다. 그들은 단순히 시간과 돈만 날린 것이 아니었다. 하나 같이 정신이 황폐해졌다. 그 많은 자산을 들여 굿이나 퇴마 의식, 또는 영혼결혼식 등을 해서 삶의 문제를 말끔히 해결했다면 좋은 일이다. 돈보다 사람이 훨씬 소중하기 때문에 인생을 제대로 살아갈 수 있다면 그것도 나름의 역할이 있다.

하지만 나에게 찾아온 사람들 대부분은 그런 노력을 했음에도 불구하고 그대로였다. 마음은 여전히 고통스럽고 삶은 질곡 속에 허덕였다. 검은 장막에 모든 것을 차단당한 사람처럼 여전히 힘들어하고 있었다.

"굿을 할 때는 뭔가 빠져나가는 것을 느꼈어요. 막 춤을 추고 노래를 하고 소리를 지르니까 속이 시원하기도 했고요. 그런데 얼마 지나지 않아 다시 무섭고 두려웠어요."

"손가락 하나 움직일 수 없을 정도로 무기력하고요?"

"네! 그냥 죽고 싶은 생각 말고는 아무 생각도 안 났고 그 어떤 것도 하고 싶지 않았어요. 굿을 그렇게 했는데도 왜 효과가 없을까요?"

"이유야 간단하죠. 영가나 살아 있는 사람이나 치유와 정화를 제대로 하지 않아서 그래요. 그러면 모든 상황을 무한 반복할 따름입니다."

나는 그녀에게 천도가 무엇인지 하나씩 진리에 맞게 설명했다.

"도반님을 어떤 무서운 사람이 화를 내거나 협박을 해서 나를 내 집에서 쫓아내면 어찌하겠어요?"

"처음에는 무서워서 황급하게 쫓겨나겠지만, 다시 찾아가 복수하고 내 집을 찾고 싶어요."

"영혼들도 마찬가지예요. 무속인들이나 누군가 힘을 가지고 겁박을 하고 쫓아내면 처음에는 무서워서 잠깐 떠나지만, 더 큰 원한으로 찾아와요. 왜냐면 그 영혼은 자신이 머물던 곳이 자기 집이라 믿기 때문이에요."

이야기를 듣던 도반은 깜짝 놀라면서 다시 물었다.

"그러면 노래하고 춤도 추고 마음을 풀어주면요?"
"어린아이에게 울고 보챌 때마다 사탕도 주고 구슬리면 나중에 어떻게 하죠?"
"더 큰 응석을 부리고 떼를 쓰죠."
"영혼들도 그래요."
"정말 신기하군요."
"신기할 거 없어요. 영혼은 의식이라고 했잖아요. 평소 살던 그 의식 그 습관대로 반응할 따름이에요."

이 원리를 철저히 알고 영혼의 길을 안내할 수 있는 능력이 있는 사람이 천도를 해야 한다. 영혼을 강제로 쫓아내면 더 많은 영혼을 데리고 따라온다. 그렇다고 힘으로 누르거나 영혼을 무시하면 더 크게 몸부림을 치고 난동을 부린다. 영혼에게 쓸데없이 아부하면 더 큰 욕망에 기름을 붓는 것이다.

그렇기 때문에 영혼을 좋은 곳으로 인도하는 천도는 아무나 할 수 없고 해서도 안 된다. 인간의 의식에 대한 깊은 통찰과 함께 진리에 대한 깨침이 있어야만 한다. 그런 사람이 정성을 다해 천도를 집전할 때 비로소 막혔던 마음을 뚫을 수 있다. 멈췄던 생사의 변화를 다시 돌릴 수 있고 고여 있던 에너지를 흐르게 할 수 있다.

　그러므로 천도재는 치유와 정화이다. 영혼을 협박 공갈해서 내쫓거나 어르고 달래는 것이 아니라 근본적으로 치유하고 정화하는 거룩한 의식이다.

＊

정신을 차리소서

"소장님, 돌아가신 분들에게 가장 중요한 것은 뭐예요?"

"자각이죠!"

"깨달음을 말씀하시는 건가요?"

"자각은 정신을 차리는 거예요. 온전한 정신을 차려야 다음 생을 온전하게 창조할 수 있죠."

영혼들에게 있어 가장 중요한 것은 자각이다. 자각은 깨달음이요 온전한 정신을 되찾는 것이다. 우리는 흔히 "호랑이 굴에 들어가도 정신만 차리면 산다."라는 속담을 인용한다. 이 말은 아무리 힘들고 어려운 상황에 처해도 정신을 가다듬고 마음의 중심을 잘 잡으면 얼마든지 넘어설 수 있다는 메시지를 담고 있다. 정신의 온전함이 얼마나 소중하고 중요한지를 단적으로 말해준다.

영혼들도 마찬가지다. 정신을 온전히 되찾고 맑고 초롱초롱한 의식을 회복해야만 자신의 앞날을 밝게 개척할 수 있다. 그렇지 않으면 혼미한 정신 속에 삶도 죽음도 분간하지 못하고 어둠 속에서 헤매고 다닐 수밖에 없다. 이때의 영혼들은 마치 깊고 어두운 산길에서 길을 잃은 나그네와 같은 심경이다. 어찌할 바를 모르고 두려움과 공포 속에 떨고만 있다.

천도는 이런 영혼들이 하루빨리 온전한 의식을 되찾아 밝은 지혜로 그 앞날을 비추도록 인도하는 의식이다. 영혼들이 자각하는 것! 이것은 천도의 모든 것이고 영혼들의 간절한 소망이다. 그 이외의 것들은 모두 부차적인 것으로 그리 중요한 것들이 아니다.

여기서 영혼들에게 가장 중요한 것이 자각인 이유를 영혼의 입장에서 정리해보면 다음과 같다.

첫째, 대부분의 사람들은 혼미한 정신으로 죽음을 맞이한다. 그렇기 때문에 죽음 이후에도 영가라고 부르는 존재들은 혼미한 의식과 에너지 상태에 있다.

둘째, 거의 모든 영혼은 자신이 죽었다는 것을 모른다. 자기 죽음을 자각하지 못하기 때문에 습관적으로 가까운 사람이나 익숙한 환경에 계속 머물고 싶어 한다.

셋째, 자기 몸을 자기로 알고 있다. 보통 사람들은 평생 자신의 몸을 자기로 믿고 산다. 그래서 몸뚱이에 집착하고 그것이 사라지는 것에 대한 근본적인 저항과 괴로움을 느낀다. 천도의 입장에서 보면 몸은 영혼이 한평생 입었다 벗어놓는 옷과 같은 것이다.

넷째, 공포와 두려움이 그 앞을 가로막는다. 죽음을 맞이하는 것은 마치 천 길 낭떠러지 끝에 서 있는 사람이 한 발을 앞으로 내딛는 것과 같은 느낌이다. 알 수 없는 암흑의 세계를 촛불 하나 없이 걸어 들어가야 하는 심경이기 때문에 누구나 근본적으로 죽음에 대한 깊은 공포와 두려움을 갖고 있다. 죽음을 맞이하는 사람은 이 감정이 극에 달한다. 설사 편안한 마음으로 마지막을 준비했다 해도 무의식에 태어나는 그 순간부터 갖고 있는 죽음에 대한 근본적인 공포와 두려움을 그대로 직면한다.

다섯째, 무명과 업장의 힘이 더욱 영혼을 지배한다. 무명은 진리와 생사의 이치를 깨닫지 못한 어리석은 마음이다. 업장은 그 마음으로 온갖 삶의 자국을 말한다. 죽음을 가까이 맞이할수록 의식의 힘은 희미해진다. 그 대신 무명과 업장의 힘은 더욱 강성해진다. 그래서 사람이 죽으면 대부분 밝은 지혜의 길을 걸어가는 것이 아니라 무명과 업장에 끌려가고 만다.

여섯째, 주변 사람들의 에너지가 영혼이 떠나는 것을 붙잡는다. 깨달음을 얻는 성인들은 사람이 세상을 작별할 때 절대로 울거나 아우성치지 말라고 했다. 살아있는 주변 사람들의 에너지가 오히려 망자를 붙잡기 때문이다. 그러면 영혼은 멀리 떠나지 못하고 주변 사람들의 주변을 서성일 수밖에 없다.

 자각은 이러한 상황을 돌파할 수 있는 유일한 길이다. 이 여섯 가지의 근본 장애를 훌쩍 넘을 수 있는 진리의 사다리가 바로 자각이다. 영혼들은 오직 자각의 길을 통해서 어둠의 터널을 손쉽게 빠져나와 밝은 빛의 세계로 나갈 수 있다. 천도재는 바로 이런 길을 영혼에게 안내하고 자각을 응원하는 과정이다.
 진리의 바탕으로 천도재를 잘 모시면 영가들은 죽음을 자각한다. 그래서 잘 떠날 준비를 스스로 할 수 있다. 그뿐만 아니라 가장 두려운 공포와 두려움이 허상이라는 것을 깨친다. 그 어둠이 실체가 없는 헛것이며 마음이 만든 그림자라는 것을 알아차릴 때 영가 스스로 자신의 앞길을 밝힐 수 있다. 그리고 무명 업장이 물안개처럼 사라지고 모든 고통의 뿌리가 관념의 허구라는 것을 인식한다. 그러면서 내 몸이 나였다는 것이 얼마나 바보 같은 집착인지 인정한다. 이것이 바로 진정한 자각, 진리와 생사의 원리를 바로 깨닫는 것이다.

 "소장님, 잘 알겠는데요. 그러면 천도재를 지낼 때 어찌해야 영가들이 자각하나요?"
 "간단합니다. 천도재를 인도하는 사람이 스스로 이 모든 것을 자각하고 있으면 됩니다. 그리고 참석한 사람들은 성인들의 말씀으로 영혼들이 진리를 깨닫고 자각하도록 축복해야지요."

종교의 옷을 훌훌 벗어 던져라

"소장님, 저희 어머니는 기독교 장로셨어요."

"그런데요?"

"천도재를 모셔드리고 싶은데, 종교 때문에 영 마음이 찜찜합니다."

한 도반이 풀 죽은 목소리로 말했다. 그녀는 계속해서 어머니 꿈을 꿨다. 초라하고 행색이 남루한 어머니가 밤마다 찾아와서는 서글픈 눈으로 말없이 자신을 바라봤다고 한다.

"어머니 눈에서 금방이라도 눈물이 왈칵 쏟아질 것 같았어요. 꿈에서도 너무 슬퍼서 제가 펑펑 울고 싶은데 절대로 눈물이 나지 않았어요. 울고 싶은데 울 수가 없으니 너무 답답했어요."

"어머니가 평생 자식들을 위해 희생만 하고 자신을 위해서는 작은 손수건 하나 사지 못했죠?"

"네! 평생 고생고생하시면 자식들만 뒷바라지하셨어요."

"그 자식 중에 정말 어머니와 다정하게 지낸 사람이 별로 없었죠?"

"다들 먹고 산다고…… 제 살길만 바빠서……."

그녀는 끝내 눈물을 주르륵 흘렸다. 평생을 오직 자식들을 위해 모든 것을 희생하고 자신의 삶을 전혀 돌보지 않은 어머니였다. 그러니 죽음을 맞이해서 편안한 마음으로 떠날 리가 없다. 그 미련과 아픔 그리고 서운함과 서글픔을 꼭꼭 눌러 쌓아두었으니 그 기운을 풀어야만 빛의 세계로 나갈 수 있다.

"이렇게 생각해보세요. 도반님 집에 어떤 걸인이 찾아왔어요. 정말 불쌍하고 몇 날 며칠을 굶어 거의 쓰러지기 일보 직전입니다. 그래서 도반님이 너무 짠한 마음에 밥 한술을 전해주려고 생각했어요. 그리고 따뜻한 밥 한 그릇을 챙겨서 그 걸인 앞에 놓아주고서는 이렇게 묻는 겁니다."

"어떻게요?"

"혹시 교회 다니세요? 절에 다니세요? 하고요. 그러면 걸인이 깜짝 놀라 쳐다보겠지요. 그러자 도반님이 다시 걸인에게 이렇게 말합니다. 교회 다니시면 이 밥을 줄 것이고 절에 다니시면 안 줄 거예요."

"아무리 그래도 그렇지. 걸인 앞에서 그런 게 어디 있어요?"

"어머니 천도재도 마찬가집니다."

그녀는 깜짝 놀랐다. 내가 무엇을 말하는지 바로 알아듣고는 매우 당황했다.

"죽음을 맞이한 영가들은 걸인이나 마찬가집니다. 춥고 배고프고 무섭고 두렵죠. 그래서 좋은 곳으로 가지를 못하고 주변을 떠돌면서 구걸을 합니다. 그런데 도반님처럼 종교를 따지고 있으면 그 영혼이 어찌하겠어요."

"그렇군요. 그런데 만약 천도재를 지내면 장로님이셨던 우리 어머니는 어디로 가나요?

"빛의 세계로 갑니다. 천국이든 어디든 지금보다 훨씬 밝고 축복이 가득한 세계로 갑니다."

많은 사람이 천도재는 불교에서만 하는 것으로 생각한다. 그러나 진실은 그렇지 않다. 생명을 마친 영혼을 밝고 좋은 곳으로 안내하는 모든 것을 천도재라 할 수 있다. 기독교에서 말하는 천국에 가든 불교에서 말하는 윤회를 따라 다시 태어나든 그것은 표현의 차이일 뿐이다. 그것은 빛의 세계를 말한다. 어둠과 아픔으로부터 벗어나 더 자유롭고 평화로운 곳이다. 축복을 만끽하고 자신의 무한한 가능성을 펼칠 수 있는 희망의 세계를 뜻한다.

나는 그곳이 천국이든 윤회이든 그냥 빛의 세계라고 표현한다. 어둠 속에 갇혀 있는 영혼들을 빛의 세계로 안내하는 것이 천도재이고 나는 그 성스러운 일을 30년 이상 하고 있다. 그런데 종교적인 편견과 생각의 울타리에 갇혀 있는 사람들이 정말 많다.

"종교와 상관없이 어머니를 위한 마지막 효도 그리고 최고의 보은이라고 생각하고 진행하세요."

"소장님 말씀을 들으니 제가 작은 생각에 갇혀 있었네요. 네 그렇게 하겠습니다."

그녀는 마음을 열고 천도재를 받아들였다. 정말 어머니를 위한 마지막 효도요, 최고의 보은이라고 믿고 정성을 다했다. 그렇게 종교의 울타리를 뛰어넘어 오직 어머니를 위한 마음으로 천도재를 진행하자 본인의 마음이 정말 편안하고 행복했다. 그리고 마지막 재를 맞이할 즈음 신기한 꿈을 꾸었다.

"어머니가 환한 표정으로 나타나셨어요. 그리고는 깨끗하고 고운 한복을 입으셨는데 정말 행복하게 웃고 계셨어요. 제가 한참 동안 어머니의 모습을 바라보다가 커다란 꽃다발을 안겨 드렸거든요."

"그랬더니 어머니가 뭐라고 하시던가요?"

"한참 동안 꽃을 바라보시더니, '나를 축하해다오, 나를 축하해다오.' 이렇게 말씀하시고는 어디론가 사뿐사뿐 걸어가셨어요. 그리고는 꿈에서 깼어요."

"정말 다행이고 축하할 일입니다. 어머니가 빛의 세계로 가셨군요. 경사 중 경사입니다."

도반은 천도재를 지낸 것에 대해 큰 감사와 행복감을 느꼈다. 어머니를 위해 마지막 효도를 할 수 있었다는 것에 깊은 보람과 감동을 경험했다. 나는 이 도반과 천도재를 마치고 나서 더욱 깊은 깨달음과 신념이 솟아올랐다.

"영혼 앞에 종교의 옷을 훌훌 벗어 던져라!"

✳

생기를 올립니다

"소장님, 천도재를 지내는데 왜 음식을 안 올려요?"

"음식보다 더 좋은 걸 올리잖아요."

"그게 뭔데요?"

"여기를 보세요. 맑은 물의 청기, 밝은 촛불의 밝기, 그윽한 향의 향기, 그리고 꽃의 생기 마지막으로 성자의 말씀인 법기를 올렸잖아요."

나는 천도재를 지내면서 음식을 올리지 않는다. 여러 이유가 있지만 가장 중요한 것은 음식의 에너지가 탁하기 때문이다. 삶고 볶고 기름칠하고 사람의 손으로 주물러 대는 음식은 영가들을 위해 별로 좋은 공양물이 아니다. 또한, 음식할 때의 사람의 마음이 그대로 음식에 스며든다. 기운으로 스며들고 그 에너지로 고스란히 음식이 흡수한다.

그래서 예전에는 제사 음식을 마련할 때면 며칠 전부터 목욕재계하고 정말 정성스럽고 정갈한 몸과 마음으로 음식을 장만했다. 그런데 요새는 어떤가? 바쁘고 힘들다는 핑계로 정성과 고결한 마음은 다 어디로 가고 형식만 남아 음식을 올린다. 이것은 에너지 측면으로 보면 거의 쓰레기나 마찬가지다.

그뿐만 아니라 그 음식을 영혼들이 먹는 것이 결코 아니다. 영혼들이 음식을 먹는다면 어찌 일 년에 한 번만 먹겠나. 그렇다면 영혼들은 다 굶어 죽을 것이다. 제사를 지내면서 음식을 올리는 것은 살아있는 사람의 도리 때문에 올리는 거다. 예전에는 음식 자체가 귀해서 가장 귀한 것을 올리는 의미에서도 음식을 공양했다. 그리고 제사를 다 지낸 다음 함께 나눠 먹으면서 조상의 은덕을 생각하고 가족 간의 화목과 소통을 돈독히 했다. 결국 제사를 지내면서 음식을 올리는 것은 80% 이상이 살아 있는 사람을 위해서다.

이제는 그런 의미가 거의 퇴색했다. 그래서 나는 천도재에 일체의 음식을 올리지 않는다. 그보다 훨씬 좋은 기운을 품고 있는 것을 공양한다. 우선 맑고 깨끗한 물을 올린다. 생명의 근원인 물을 올림으로써 맑고 싱그러운 청기를 통해 더욱 영가들이 기운을 청정히 하라는 뜻이다. 그리고 촛불의 밝기는 빛의 세계를 의미한다. 죽음을 맞이한 영가는 캄캄한 밤길을 홀로 걷는 나그네와 같다. 한 치 앞을 내다볼 수 없는 미지의 세계에 대한 엄청난 공포가 밀려온다. 그 마음을 달래고 밝은 빛의 세계로 나가라는 의미에서 촛불을 밝힌다.

천도재를 지낼 때 중요한 것 중 하나가 바로 향의 향기다. 향은 기운을 정화하고 위로하는 탁월한 효과가 있다. 탁한 기운을 맑히고 부정한 에너지를 정화한다. 그래서 재를 모실 때는 향이 정말 중요한 필수품이다. 나는 그중에서 천연향을 주로 올린다. 일체의 화학약품을 섞지 않은 전통향이나 침향이 많이 들어간 좋은 향을 쓴다. 전통향의 재료들은 대부분 한약재와 자연 재료다. 그래서 치유의 기운이 강하고 침향은 죽은 사람도 일으켜 세운다는 이야기를 있을 만큼 좋다. 에너지를 순하게 만들고 훈훈한 기운을 돌게 한다.

주의해야 할 것은 일본 향은 될 수 있으면 쓰지 말아야 한다. 일본은 향을 주로 화장품 회사에서 만든다. 그래서 향을 제조하는 과정에 인공향료나 화학 약품을 엄청나게 넣는다. 대부분의 일본 향이 향기가 진하거나 꽃향 또는 화장품 향이 강한 이유가 바로 여기에 있다. 화학 성분은 강한 독성을 갖고 있어서 영가에게 매우 해롭다. 물론 일본 향 중에도 자연 향이나 천연 재료를 주로 사용한 것들이 있지만, 권하고 싶지 않다.

나는 천도재를 모시는 날이면 하루나 이틀 전에 꽃 도매 시장을 간다. 거기서 가장 싱싱하고 탐스러우면서 보기 좋은 꽃을 산다. 그리고 늘 내가 직접 꽃꽂이를 한다. 명상 음악을 들으면서 영혼들과 소통하는 마음으로 꽃꽂이를 한다. 그것을 생생약동生生躍動하는 생기를 올리기 위해서다. 그래서 천도재를 지낼 때 조화는 절대 쓰지 않는다. 조화는 모양은 그럴싸해도 생기가 없기 때문이다. 영가들은 꽃을 엄청 좋아한다. 바로 싱그럽고 청초한 생기가 넘치기에 영혼에게 힘을 준다.

마지막으로 가장 중요한 것은 법기法器다. 즉 법의 기운이다. 법의 기운이란 부처님이나 성자들의 말씀에서 나오는 신령하고 거룩한 기운을 뜻한다. 천도재를 지내는 사람들 중 혹 기공 수련을 하는 사람들이 많다. 그러나 영혼은 자기 기운으로 천도를 시킬 수 없다. 기운으로 천도를 시킨다는 것은 거의 사기라고 보면 된다. 왜냐하면, 사람의 영혼을 움직이고 빛의 길로 안내할 수 있는 힘은 오직 진리를 온전히 깨달은 성장의 주파수만으로 가능하기 때문이다. 기 수련을 하거나 사이비 종교 단체에서 천도한다는 것은 거의 장사수단이며 영혼들을 잠시 잠깐 쫓아 버리는 것이지 결코 근본적인 천도를 하는 것이 아니다.

더욱이 무속인들이 하는 천도재는 허무맹랑한 상술인 경우가 많다. 영혼들을 겁박하고 달래서 잠시 다른 곳으로 몰아세우는 것을 천도라고 착각한다. 천도는 그런 말장난이 아니다. 영혼이 진정으로 빛의 세계로 나가거나 다시 환생하거나 더 높은 의식의 세계로 올라 갈 수 있도록 축복하고 안내하는 과정이다. 기공 수련이나 무속인들의 푸닥거리로 할 수 있는 일이 아니다.

그래서 나는 천도재를 모실 때 내 힘으로 한다는 생각을 전혀 하지 않는다. 나는 다만 통로일 뿐이다. 진리를 깨달아 에고의 장벽을 훌쩍 뛰어넘은 높은 주파수를 가진 부처님들과 성자들의 말씀을 전할 뿐이다. 성자들의 말씀에는 아주 높은 에너지 파동이 있다. 그 파동이 영혼들을 흔들어 깨우고 각성을 이끈다. 그리고 혼탁한 욕망의 세계에서 바른 지혜의 눈을 뜨게 인도한다. 그러면 영혼들 스스로 빛을 향해 당당히 나갈 수 있다. 이것은 오로지 진리와 합일한 성자들의 말씀, 즉 법의 기운으로 할 수 있는 거룩한 과정이다.

영혼들의 소망은 딱 두 가지

"왜 그렇게 나를 붙들고 있었니? 네 책임이 아닌데도 왜 그렇게 날 놓아주지 않았어?"

어머니가 도반님에게 전하는 말입니다.

"네? 아니 어떻게 엄마가 그런 말씀을……. 그럴 리가 없어요, 그럴 리가 없어요."

초원 도반은 고개를 절레절레 저으며 흐느꼈다.

"내가 엄마를 얼마나 그리워하고 죄송해하고 있었는데, 내 곁에 있어 주기를 그렇게 간절히 바라고 있었는데……. 왜 엄마가 저에게 그런 말씀을 하는 거예요?"
"그것은 도반님의 이기적인 마음이에요. 엄마를 보낼 수 없었던 마음은 오직 도반님의 죄책감 때문에 엄마를 놓아주지 않았던 거예요."

초원 도반은 홀어머니의 하나밖에 없는 딸이다. 엄마는 일찍 남편을 여의고 초원 도반만을 의지하면서 어렵게 어렵게 뒷바라지를 했다. 그런데 초원 도반은 엄마의 기대와는 달리 어렵고 힘겨운 삶을 살았다.

"엄마가 남편과의 결혼을 그렇게 반대하셨어요. 너무 가진 게 없다고…… . 엄마도 가난한 아빠를 만나서 고생고생하다 젊은 나이에 청상과부가 되었으니 저도 그렇게 될까 봐 너무 걱정하셨던 거예요."
"그런데 왜 엄마의 반대를 무릅쓰고 남편과 결혼을 했어요?"
"엄마가 오직 나만 바라보고 나에게만 의지하고, 나에 대한 기대가 어려서부터 너무 컸어요."
"그래서 엄마에게서 벗어나고 싶어서…… 엄마에게 반항하고 싶어서, 반대하는 결혼을 했나요?"
"네…… ."

초원 도반은 하염없이 눈물을 흘리며 말을 잊지 못했다. 그런 삶을 살았기에 한동안 엄마와 연락을 끊고 살았다. 서로 할 말도 많고 가슴에 응어리도 많지만, 막상 만나면 별것 아닌 걸로 싸움만 하다 헤어졌다. 그게 너무 힘들어서 왕래조차 하지 않고 살았다. 그러다 엄마는 암에 걸리셨다. 이 소식을 듣고 초원 도반은 청천벽력을 맞은 느낌이었다. 자신이 그동안 엄마에게 얼마나 잘못했는지 회한과 후회가 밀려 들어왔다.

그때 이후 초원 도반은 엄마 병 수발을 하기 위해 다시 왕래를 시작했다. 그러나 이미 깊어질 대로 깊어진 엄마의 병세는 날이 갈수록 나빠졌다. 마치 해골처럼 말라가는 엄마를 볼 때마다 초원 도반은 가슴이 찢어지는 고통을 느꼈다. 하지만 그런 엄마를 마음껏 간호할 수도 없었다. 당장 먹고 사는 일이 급했던 초원 씨는 자기 가족들의 생계를 위해 일을 해야 했다. 남편은 평생 변변한 직장 하나 없었다. 그러다 돈을 억지로 끌어다가 주식에 투자했는데 그게 모두 허공으로 사라졌다. 빚만 덩그러니 남겨 놓은 남편을 대신해 초원 씨가 가장의 역할을 하고 있었다.

"엄마, 나 일주일 뒤에 올게. 약 잘 챙겨 먹고, 잘 버티고 있어."

엄마는 힘없이 고개를 끄덕였다. 이것이 초원 씨와 엄마의 마지막 만남이었다. 요양원이나 병원에 모실 형편이 안되었던 초원 씨는 엄마를 집에서 간호했다. 그것도 이틀 정도가 고작이었고, 바로 일해야 하기에 다시 자기 집으로 올 수밖에 없었다. 그렇게 엄마를 집에 덩그러니 남겨두고 돌아오는 발걸음은 천근만근 무거웠다.

'내가 왜 이렇게 살고 있을까? 엄마 말을 안 들어서 천벌을 받고있는 건가. 우리 모녀의 인생은 왜 이렇게 기구한가?'

집으로 돌아올 때면 이런 번민과 상념이 파도처럼 밀려왔다. 그리고 며칠이 지난 어느 날이었다.

"저기, 엄마가…… 돌아가셨어."

초원 씨는 그 자리에서 주저앉았다. 마을 주민이 엄마를 발견했을 때는 이미 숨을 거두고 며칠이 지난 후였다.

"제가 엄마를 돌아가시게 했어요. 저 때문에 엄마가 병을 얻었어요. 단 한 번도 엄마에게 효도를 못 했는데……. 그렇게 허망하게 떠나셨어요."
"그래서 엄마를 놓아주지 않았나요?"
"어떻게 엄마를 놓아줄 수 있겠어요. 제가 해드린 게 아무것도 없는데……."

그래서 초원 씨는 엄마를 보내주지 않았다. 매일 엄마의 사진 앞에서 울었다. 하고 싶은 이야기가 있으면 사진을 품고 말했다. 서러움과 회한이 밀려오면 엄마 사진 앞에서 소주 한 잔을 기울이며 마음을 달랬다.

"그렇게라도 해야 견딜 수 있었어요."
"도반님 마음을 충분히 이해하고 공감해요. 그런데 그거 아세요?

그 마음이 얼마나 이기적인지……."

"네?"

생을 마친 사람을 보내주지 못하는 것은 절대적으로 이기적인 마음에서 비롯한다.

"소장님! 어떻게 그렇게 말씀하실 수 있어요!"

"그게 진실이니까요!"

"아이를 먼저 보낸 엄마의 심정이나 나처럼 엄마를 홀로 돌아가시게 만든 사람의 마음에 얼마나 깊은 피멍이 들었는지 알기나 하세요?"

"그럼 도반님은 이 세상을 떠난 엄마가 무엇을 가장 원하는지 생각이나 해 보셨어요?"

"글쎄요."

"그러니까 도반님은 자기감정에만 매몰되어 있는 이기적인 사람이라고요. 도반님 마음 편하자고 그러는 거지 엄마 입장에서 생각해 보셨나요?"

생을 마친 영혼들이 원하는 것을 딱 두 가지다. 내 이야기를 들어달라는 것과 빛의 세계로 나갈 수 있도록 축복해 달라는 거다. 그런데 남아 있는 사람들이 이런 것을 생각해 볼 마음도 없이 오직 자기감정에만 빠져서 죽은 사람을 놓아주지 않는다. 자기 죄책감을 달래고자 영혼이 빛의 세계로 나가지 못하도록 붙잡는다. 이것은 떠난 사람에게도 남아 있는 사람에게도 형벌일 뿐이다. 어둠일 뿐이고 더 큰 고통만 키울 뿐이다.

"엄마는 빨리 떠나서 빛의 세계로 가기를 정말 원하셨어요. 더 높은 차원의 삶을 살고 싶어 하셨어요. 그런데 도반님이 붙들고 놔주지 않았어요. 엄마의 이야기를 들으려고도 하지 않았어요. 그것이 불효 중에 가장 나쁜 불효예요."

그때서야 초원 도반은 내 말을 알아듣고 받아들이기 시작했다. 그리고 정성스럽게 엄마의 천도재를 모셨다.

"엄마가 꿈에 나타나서 몇 번을 고맙다고 하셨어요. 정말 환한 웃음을 지으면서 행복해하셨어요."

천도재를 마무리할 즈음 초원 씨는 엄마 꿈을 꿨다. 그런데 자신의 생각과 아쉬움과는 전혀 다르게 엄마는 환한 모습으로 웃고 있었다.

"그렇게 기다리던 빛의 길로 새롭게 출발하니 얼마나 좋으시겠어요."
"그렇군요. 이제는 알겠어요. 내 감정이나 생각보다 돌아가신 엄마의 마음을 읽어주고 들어줘야 한다는 것을요. 그리고 빛의 길을 갈 수 있도록 축복하는 것이 가장 큰 효도라는 것을 이제야 알겠어요."

그렇게 초원 씨는 천도재를 통해 엄마와 진정한 소통을 할 수 있었다.

죽음은 누구나 두렵다

"소장님, 제가 '죽음학' 카페 활동을 하는데요 거기는 사후 세계에 대해서 너무 아름답게 포장을 많이 해요. 그런 게 진짜 있어요?"

"없어요!"

"그럼 그 사람들은 왜 사후 세계에 대해서 그렇게 관심들이 많고 소설 같은 이야기들을 믿는 거예요?"

"죽음이 누구보다 두려우니까요."

죽음은 누구나 두렵다. 두려운 것이 정상이고 자연스러운 마음이다. 죽음이 두려운 이유는 하나다. 가보지 않은 길을 가야 하기 때문이다. 마치 칠흑같이 어두운 산길을 홀로 걷는 나그네의 심정이 바로 죽음을 맞이하는 사람의 마음이다.

죽음학thanatology이나 웰다잉Well dying 프로그램은 이런 두려움으로부터 벗어나기 위해 미리미리 살아서 준비하자는 취지다. 어느 철학자가 말했듯 죽음을 생각하는 사람은 지혜롭게 인생을 살아간다. 욕망이나 헛된 꿈을 쫓지 않고 자신의 소명을 찾아 헌신한다. 사랑으로 주변을 돌볼 줄 알고 진실을 소중히 여긴다. 돈이나 권력처럼 허망한 것에 열정을 바치기보다 더욱 숭고하고 아름다운 가치를 이루려고 한다. 그래서 인생을 더 행복하고 고귀하게 살 수 있다. 이런 측면에서 죽음학이나 웰다잉 프로그램은 매우 의미가 크다.

하지만 그런 프로그램들이 우리 무의식 속 깊이 자리 잡고 있는 죽음에 대한 근본적 공포를 말끔히 씻어주는 것은 아니다. 죽음에 대한 두려움은 탄생과 함께 존재하는 가장 강력한 그림자이다. 그래서 수단과 방법을 총동원해서 이 어둠으로부터 벗어나기 위해 발버둥을 친다. 어쩌면 그게 거의 모든 사람의 인생이다.

"죽음에 대한 근본적 두려움은 수많은 소설을 만들어요. 종교도 그런 것이죠. 사후 세계에 대한 체험은 대부분 집단 무의식을 경험하는 겁니다. 그리고 사후 세계에 대한 아름다운 묘사는 거의 신화와 깊은 연관이 있어요."

"그럼 천국이나 극락도 다 지어낸 이야기에요?"

"천국이나 극락은 영혼 즉 의식들만이 머무는 특정한 에너지 층을 말하는 거예요. 의식의 주파수가 높으면 머물 수 있는 주파수 영역입니다."

"그런데 사람들은 이런 진실을 알려줘도 잘 믿으려 하지 않아요."

"이런 진실보다는 소설이나 망상의 허구가 더 매력적이기 때문이지요. 그래야 죽음의 공포를 잊어버릴 수 있으니까요."

죽음의 공포는 우리가 떠안고 살아야 하는 삶의 본질이다. 피할 수도 없다. 벗어날 수는 더더욱 없다. 다만 몸부림치고 거부하면 할수록 망상과 허구를 믿으면 믿을수록 그 공포는 더욱 커진다.

마음공부나 수련을 하는 사람 중에 사후 세계에 대한 소설 같은 망상을 믿는 사람들이 많다. 그것은 근본적으로 죽음에 대한 공포와 두려움이 누구보다 강하기 때문이다. 그래서 그들은 마음공부나 명상 또는 수련에 매달린다. 그 짙은 어둠에서 하루라도 빨리 벗어나고 싶어서다. 하지만 그것은 거울 속에 비친 내 얼굴에 검은 점을 없애기 위해 거울을 닦는 사람처럼 어리석다. 이미 내 안에 강한 공포를 품고 있으면서 그것을 벗어나려 하는 것이 얼마나 헛된 일인지 빨리 자각해야 한다.

"그러면 어떻게 하는 것이 가장 지혜로운 건가요?"
"죽음은 변화의 드라마에요."
"변화요?"
"계절을 보세요. 엊그제 봄이 찾아온 거 같은데 곧 여름으로 바뀌지요. 그리고 다시 가을로 변화하고 겨울이 됩니다. 그러나 이것은 한 기운의 변화일 뿐이죠."
"보통 사람들이 이런 이치를 알고 죽음의 두려움을 벗어날 수 있을까요?"

"변화를 받아들이면 지극한 평화를 맞이할 수 있어요. 그 평화 위에 변화를 축제로 즐길 수 있다면 그것은 가장 위대한 영혼의 길이죠."

우리가 죽음에 대해 근본적인 두려움을 갖는 것은 내 존재가 단멸하는 것에 대한 공황장애가 있기 때문이다. 나라는 존재가 영속했으면 좋겠는데 이 한 생으로 끝난다는 것이 너무 섭섭하고 무섭다. 그래서 종교도 만들고 영혼 불멸이니 영생이니 하는 허상을 믿고 즐긴다. 하지만 이 모든 것이 전부 어린아이의 동화책 같은 유치한 짓이다.

죽음은 변화의 드라마일 뿐이다. 저 푸른 하늘의 풍경이 계속 변하듯이 나라는 그 무엇도 계속 변할 뿐이다. 천도재는 바로 그 변화의 과정에서 빛의 길로 그리고 성장의 길로 나가도록 돕는 길동무이다. 이것을 아는 것이 죽음이라는 공포의 허상에서 근본적으로 벗어나 자유를 누리는 지름길이다.

엄마 다리가 나았어요

"소장님 정말 신기해요. 엄마가 소장님을 뵌 이후로 다리가 안 아
프대요. 정말 다리 때문에 고생을 많이 하셨거든요. 그런데 어떻게 소
장님을 한 번 딱 뵈었는데 다리가 거짓말처럼 나을 수가 있어요?"

"그것은 제가 무슨 신통력이 있어서 그런 것이 아니에요. 엄마가
천도재에 참석하면서 아버지에 대한 죄책감을 내려놓기 시작했기 때
문입니다."

"그게 무슨 말씀이에요?"

보화 도반은 큰마음을 내서 돌아가신 아버지와 집안 천도재를 지
내 달라고 했다. 그런데 그즈음 나는 이제는 천도재를 그만 지낼 생
각을 굳히고 있었다. 20대 초반부터 영적인 세계에 관심 갖고 정성을
다해 30년을 지냈던 천도재. 하지만 이제는 힘도 들고 시간도 없고
해서 천도재로부터 졸업하기로 결정 내렸다. 그리고 30년 천도재를
지낸 사연과 이야기를 책으로 출간하고 완전히 접을 생각이었다.

"도반님, 이제는 아버지를 보내드립시다. 그게 아빠를 위해서도 도반님을 위해서도 가장 좋고 지혜로운 길이에요. 아버지가 빛의 길로 나갈 수 있도록 도와드릴게요."

보화 도반은 아버지에 대해 엄청난 죄책감을 품고 있었다. 제대로 모시지도 않았고, 효도 한 번도 못 했다는 죄책감은 도반의 무의식을 완전히 어둠으로 장악하고 있었다. 평생 고생만 하고 병으로 극심한 고통을 겪다 돌아가신 아버지를 생각만 해도 눈물이 줄줄 흘렀다. 아버지라는 단어만 들어도 가슴이 미어지고 찢어졌다.

"천도재는 아버지만을 위해서 모시는 게 아니에요. 도반님의 깊은 무의식을 정화하고 특히 죄책감을 치유하는 가장 빠르고 효과적인 길입니다."

"제 무의식을요?"

"우리의 인생을 가장 강력하게 지배하는 것은 바로 무의식입니다. 그중에서도 깊은 감정은 내 인생 전체를 좌지우지하고 끌고 가는 힘이죠. 그런데 도반님은 아버지에 대한 죄책감이 너무 무겁고 커요. 무의식 속에 뿌리를 내린 그 감정이 지금 도반의 삶을 창조한 겁니다."

그렇게 마음을 모아 시작한 천도재였다. 그런데 그 효과를 엄마가 먼저 본 것이다. 남편이 고생만 하다 먼저 떠났을 때 남아 있는 엄마의 마음속에도 깊은 죄책감이 남는다. 부부로 한평생 산다는 것이 남

들에게 말 못한 사연과 회한이 있기 마련이다. 딸에게 차마 다 표현할
수 없었던 그 죄책감이 엄마의 무의식 깊이 뿌리를 내리고 있었다.

중요한 것은 무의식에 박혀 있는 어두운 감정들은 반드시 몸에 병
을 일으킨다. 병이 마음으로부터 온다는 것은 바로 이런 진실을 뜻한
다. 남편에 대한 깊은 죄책감은 엄마의 다리를 불편하게 만드는 뿌리
였다.

"엄마가 천도재에 참석한 것만으로도 아빠에 대한 죄책감을 내려
놓을 수 있었던 거예요. 한평생 짊어지고 있던 아빠에 대한 여러 회한
과 죄책감을 천도재를 지내면서 자신도 모르게 치유하고 정화한 것이
죠. 그것이 몸으로 나타나서 다리가 안 아픈 겁니다."

굿을 하면서 병이 낫는다는 것도 다 이런 이치다. 귀신이 들러붙
어서 몸이 아픈 것이 아니라, 대부분 정화하지 못한 무의식에 어두운
감정을 풀어버렸기 때문이다. 그래서 굿을 하는 것을 가만히 들여다
보면 죽은 사람의 영혼을 빌어 살아 있는 사람의 회한과 응어리를 토
해내게 한다. 그렇게 무의식 속 억압과 깊고 무거운 감정들을 다 쏟아
내면 자연히 몸이 반응한다. 무의식은 가장 강한 힘으로 우리의 몸과
인생 전체를 지배하기 때문이다.

천도재는 결국 무의식을 정화해서 그 지배에서 벗어나는 가장 쉽

고 빠른 길이다. 나도 모르게 갇혀 살던 보이지 않는 감옥에서 나와 태양보다 더 밝은 빛을 품에 안는 과정이다.

그래서 나는 30년 만에 그만두기로 했던 천도재를 다시 시작했다. 더 많은 사람 그리고 영혼에게 밝은 빛을 품도록 안내하기 위해서다. 그것은 내 소명이다.

에너지 환절기

"도반님은 지금 대전환의 순간을 맞이하고 있군요."

"그게 무슨 말씀이세요?"

"인생을 근본적으로 바꿀 아주 중요한 변화의 시기를 맞이했다고요."

자연은 사계절의 변화를 통해 그 생생약동 하는 기운을 표출한다. 인생도 그렇다. 어느 때는 봄처럼 희망차다. 또 어느 시절은 여름처럼 뜨겁고 열정을 불태운다. 그리고 가을처럼 풍성하고 다시 빈자리로 돌아가는 겨울을 맞이한다. 삶이란 순간순간 변화의 연속이고 그 변화는 우리를 앞으로 나가도록 하거나 뒤로 물러서게 한다.

"갈림길에 섰을 때는 작은 선택이 큰 결과를 만들어요. 그러니 지혜롭고 밝은 안목으로 선택을 해야 합니다."

"사실 소장님 말씀처럼 뭔가 중요한 변화를 겪고 있는 것은 사실이에요. 마음도 그렇고 일도 자꾸 새로운 일이 생기고, 집안도 뭔가 좀 뒤숭숭합니다."

"원래 변화의 시기에는 그런 현상들이 몰려와요. 몸도 마음도 급격하게 변하고 집안도 여러 일이 밀려오지요. 계절적으로 보면 마치 환절기와 같아요. 기운이 크게 바뀌는 겁니다."

"개인도 그렇지만 집안에도 그런 환절기가 있나요?"

"당연하죠. 사람만 그런 변화를 겪는 게 아니라 집안도 환절기가 있어요."

나를 찾아오는 사람들은 대부분 뭔가 어렵고 힘든 고비를 넘고 있는 경우가 많다. 답답해서 해답을 찾다가 온다. 혼란스러운 마음에 평화를 찾기 위해 오고 여러 문제를 해결하고 싶어 문을 두드린다. 마음 속 오래된 상처를 근본적으로 치유하고 싶어 나를 찾는다.

그런데 이 모든 것은 변화의 신호탄이다. 빛으로 나갈 것인지 아니면 계속 어둠 속에서 고통 받으며 살 것인지를 선택해야 한다. 그리고 새로운 삶을 창조해 꽃처럼 피어나고 별처럼 빛날 것인지 아니면 진흙 늪에서 허우적거릴 것인지를 결정해야 한다.

"변화를 시기를 가장 지혜롭게 맞이하는 것은 일단 대청소를 하는 거예요."

"대청소요?"

"긴 겨울을 보내고 새 봄을 맞이할 때 대청소를 하지요?"

"그렇죠. 그래야 봄기운을 싱그럽게 받잖아요."

"대청소를 하는 것은 새로운 기운과 새것을 들어놓기 위해서죠? 인생도 마찬가지입니다. 대청소를 잘해야 변화를 잘 수용할 수 있고 그래야 새로운 도약도 가능해요."

"그럼 천도재는 대청소를 하는 건가요?"

"바로 그거예요!"

봄을 맞이하기 위해서는 대청소를 해야 한다. 온갖 낡고 먼지 묻은 것을 털어내고 싱그러운 새 기운과 새것을 들여놔야 한다. 그러면 마음이 상쾌하고 희망이 가득하다. 그리고 새 출발을 할 수 있다.

인생도 이와 마찬가지다. 큰 변화를 겪을 때 가장 중요한 것이 대청소다. 대청소를 통해 낡고 묵은 것을 과감히 털어버리면 새로운 것을 충분히 받아들일 수 있다. 그리고 그것을 통해 큰 성장을 경험하며 무엇보다 희망과 빛으로 내 삶을 가득 채울 수 있다.

그런 중요한 의미를 가진 삶의 대청소 중에 마음의 정화는 출발이다. 상처받고 어두운 마음을 먼지처럼 날려버려야 한다. 더욱 중요한 것은 무의식의 정화다. 내 인생을 절대적으로 지배하는 무의식을 깨끗하게 청소하는 것이야말로 새로운 출발과 축복의 시작이다.

"소장님, 변화의 시기나 그런 에너지 환절기에 대청소를 잘해야 한다는 것은 알겠는데요. 그것과 천도재는 무슨 상관이 있나요?"

"무의식 대청소나 정화와 천도재는 직접적인 관계가 있어요. 한 가족들은 무의식이 아주 강하게 서로 연결되어 있어요. 일종의 집단 무의식 공유라고 할 수 있지요. 대대로 흘러 내려오는 집안사람들도 서로 멀리 떨어져 있어도 집단 무의식은 함께 하고 있어요."

"그럼 저는 제가 모르는 사이에 우리 가족들이나 집안의 집단 무의식에 강한 영향을 받고있는 건가요?"

"당연하죠. 당장 도반님이 세상에 태어나서 지금까지 살아오면서 부모님이나 가족들에게 엄청난 영향을 받았죠?"

"그렇죠!"

"마음, 그중에서도 가장 깊은 무의식을 정화한다는 것은 가족 또는 집안과 공유하고 있는 집단 무의식까지도 맑고 밝고 따뜻하게 해야 하는 거예요."

유유히 흐르고 있는 강물에는 많은 물고기가 살고 있다. 그런데 그 수많은 물고기는 스스로 알든 모르든 그 강물에 절대적 영향을 받는다. 물고기들이 행복하고 활력 넘치게 살기 위해서는 강물을 맑게 정화하는 것이 제일 중요하다.

"집안이나 가문, 또는 가족은 개천이나 강물이라고 할 수 있어요. 도반님은 바로 그 속에서 알게 모르게 큰 영향을 받고 사는 거고요. 그러니 그 개천이나 강물을 정화하는 것이 얼마나 도반님에게 큰 영향을 미치겠어요."

"그렇군요. 이제 이해할 수 있어요. 천도재는 바로 그 개천이나 강물을 대청소하는 거네요."

그렇다. 그래서 천도재는 정화의 완성이다. 사람들은 내 마음 내가 잘 쓰고 깨어 있으면 된다고 생각한다. 그러나 하나만 알고 그 이상을 모르는, 낮은 안목이다. 에너지의 측면에서 보면 가족, 집안, 지역, 나라 등은 모두 시냇물과 개천 또는 강물에 해당한다. 우리는 그 속에서 사는 물고기와 같다. 내가 아무리 스스로 깨어 있고 잘 산다고 해도, 강물의 영향을 절대적으로 받는다는 것을 인정하고 깨달아야 한다.

"기운이 바뀌는 환절기에는 감기몸살 환자들이 많이 발생하죠? 노인들도 이 시기에 별세하는 경우가 많아요. 다 기운이 바뀌는 것을 잘 받아들이지 못해서 그래요. 만약 평소에 경험하지 않던 일들이 자꾸 생기거나 집안에 각종 우환이나 일들이 쏟아진다면 바로 에너지 환절기를 맞이한 거예요."

"아~ 그래서 소장님께서 그런 에너지 환절기를 맞이하면 마음공부로 내 무의식을 정화하고 천도재로 집안 무의식을 대청소하라고 말씀하시는군요."

"그렇습니다. 그것이 우주의 진리이고 자연의 섭리에요. 그것을 알고 지혜롭게 선택하는 사람이 늘 성장하고 풍성한 행복의 결실을 맺을 수 있는 겁니다."

* | 5부

축제의
주인공

윤회는 변화의 축제

"소장님, 윤회가 정말 있어요?"

"없어요."

"정말요? 그런데 다들 윤회니 전생이니 그런 걸 믿고 이야기하잖아요."

"이야기하기 재미있으니까 그러겠죠."

"그럼 윤회가 없는데 소장님은 왜 천도재를 지내세요?"

"변화의 축제를 기쁨으로 창조하라고요."

윤회에 대한 잘못된 믿음과 오해는 다음과 같다.

1. 영원히 변하지 않는 나의 영혼이 마치 옷을 갈아입듯 계속 윤회한다.
2. 과거 생의 경험은 지금 생에 많은 영향력을 미친다.
3. 우리가 서로 만나는 것은 모두 과거 생의 인연이 있기 때문이다.

4. 윤회는 끊임없이 돌고 돈다.
5. 윤회는 벗어날 수 없고 숙명과 같다.
6. 지금 생은 과거 생의 업장으로 만들어졌고 이를 참회하고 씻어야 다음 생을 잘 살 수 있다.
7. 불완전한 영혼이 윤회를 통해 삶을 경험하면서 완성해 나가는 것이다.
8. 부부나 부모처럼 가까운 관계는 과거 생에 아주 깊은 인연으로 만난다.
9. 윤회를 주관하는 절대자가 있고 그 신은 나의 선과 악을 정확히 판결하고 심판한다.
10. 운명은 있으며 그 중심에는 과거 생의 자취와 윤회가 있다.

우리가 알고 있는 대부분의 윤회 이야기는 의도적으로 지어낸 소설이다. 그 소설을 필요에 의해 만들었고 전승했다. 그리고 강력하게 인류의 무의식과 삶을 지배하고 있다. 하지만 그 세월만큼 거짓도 많다. 윤회에 대한 잘 못 된 믿음과 오해에 대한 진실을 공부해보자.

1. 영원히 변하지 않는 나의 영혼이 마치 옷을 갈아입듯 계속 윤회한다.

이 믿음은 인류의 무의식을 가장 오랜 세월 지배한 제일 강력한 뿌리다. 특히 서양을 중심으로 한 헬레니즘＋힌두이즘 문명권에서는 이 믿음이 절대적 진리인 양 수천 년 동안 신봉했다. 그뿐만 아니라 이 믿음은 영혼 불멸이라는 사상을 만들어 냈고 이는 지금까지 우리 인류의 정신세계를 지배하는 마법처럼 작용하고 있다.

하지만 그 마음속을 들여다보면 유치하기 짝이 없다. 윤회를 통해 나의 영혼이 변치 않고 존재하든 천국에서 영원히 살든 그 모든 생각의 뿌리는 단 하나다. 나의 존재가 사라지는 것에 대한 본능적인 두려움이다. 두려움은 욕망을 만든다. 내 존재가 이 한생(生)에서 끝난다는 것이 허망하고 쓸쓸하고 외로운 일이다. 그래서 절망적이고 무섭다. 사람들은 이 두려움에서 어찌하면 나의 존재를 계속 보전할 수 있을지를 궁리했다. 그래서 만든 소설이 바로 영혼 윤회설과 영혼 불멸설이다.

한 영혼이 계속 윤회를 한다고 생각하면 그나마 위안을 받는다. 내 영혼이 천국이든 어디든 영원하다고 믿으면 그래도 안심을 한다. 이런 생각과 믿음은 수천 년 동안 인류를 지배했고 수많은 종교를 탄생시켰다. 그리고 지금도 강력한 힘을 행사한다.

하지만 그런 고정불변의 영혼 따위는 없다. 사람의 의식이든 영혼이든 순간순간 변한다. 고정된 실체는 없기 때문이다. 지금 이 순간의 삶을 사는 영혼과 죽음 이후의 영혼은 이미 다른 차원이다. 계속 변화하는 한 과정 중에 이 순간의 삶이 있을 뿐이다. 그래서 지금 이 순간의 삶은 영원히 지금 이 순간뿐이다. 이것을 제대로 아는 것이 진정한 행복과 기쁨의 길이다.

2. 과거 생의 경험은 지금 생에 많은 영향력을 미친다.

흔히 과거의 업보나 업력에 의해 지금의 삶이 크게 영향을 받는다고 믿는다. 원수 같은 부부 사이나 좋지 않은 일이 발생했을 때 이런 믿음은 더욱 우리를 잡고 흔든다.

하지만 과거 생의 경험은 지금 생에 거의 영향을 미치지 못한다. 여러 가지 이유가 있지만 가장 핵심적인 것은 사람들의 의식 수준이 급격하게 상승하고 깨어나기 때문이다. 인간의 마음이 깨어나기 전에는 과거 생이 우리에게 많은 영향을 미친다는 믿음 속에 살았다.

다시 말해 과거 생의 힘이 강했던 것이 아니라 거기에 대한 사람들의 믿음이 깊었기 때문에 영향을 많이 받은 거다. 예를 들어 어제 기분 나쁜 일이 있었는데 어떤 사람은 훌훌 털어버리고 어떤 사람은 계속 그 생각을 한다면 누가 어제 일에 영향을 많이 받겠나?

원래 과거 생의 영향력은 아주 미미하다. 거의 없다. 왜냐하면, 존재하는 것은 지금 이 순간의 삶뿐이기 때문이다. 그리고 지금 이 순간의 삶에 영향을 미칠 수 있는 것 또한, 지금 이 순간과 나 자신뿐이기 때문이다. 천도재는 오히려 이 위대한 진리를 깨닫게 하는 과정일 뿐이다.

3. 우리가 서로 만나는 것은 모두 과거 생의 인연이 있기 때문이다.

사람들은 인연에 대해 특별한 의미를 부여하고 싶어 한다. 특히 종교 그중에서도 불교는 인연의 종교라고 할 만큼 다양한 이야기를 갖고 있다. 그러나 그것은 그냥 이야기일 뿐이다. 부처님의 핵심 가르침인 연기법이 우리가 알고 있는 인연을 말하는 것은 아니다. 그것은 모든 존재 특히 지금까지 내가 나라고 인식한 모든 것이 실체가 없음을 말하는 것이다.

그럼에도 불구하고 인연이라는 말이 매력적이다. 그것은 사람이 서로 만나는 것이 과거 생의 인연 때문이라는 믿음은 멋진 이야기를 만드는데 아주 좋은 소재이기 때문이다. 연인이나 부부로 만나기 위해 몇백 생을 윤회하면서 인연을 맺었다는 이야기들은 그 자체로 낭만적이다. 하지만 매력적이라고 해서 진실일 수는 없다.

사람이 서로 만나는 것은 꼭 과거 생의 인연 때문이 아니다. 같은 의식이 공명하거나 비슷한 에너지끼리 뭉치는 것일 뿐이다. 지금 이 순간 어떤 의식을 발산하느냐가 사람을 끌어당긴다. 지금 이 순간 어떤 에너지로 사느냐가 내가 만나는 사람을 결정할 뿐이다.

4. 윤회는 끊임없이 돌고 돈다.

윤회를 영원히 돌고 도는 수레바퀴라고 받아들이는 사람들이 많다. 그러나 윤회는 그런 것이 아니다. 잠을 잘 때 어느 때는 꿈을 꾸고 또 어느 날은 꿈도 없이 깊이 잠이 드는 것처럼 윤회도 그 꿈과 같다.

자신의 빛을 완전히 회복한 영혼들은 윤회의 수레바퀴에 휘말려 들어가지 않는다. 설사 윤회나 환생을 해도 고귀하고 아름다운 뜻을 이루기 위해 스스로 선택하는 길이다. 또 주파수가 높은 의식들은 의식의 세계에서만 머물기도 한다.

윤회라는 현상 자체가 의식이 꿈을 꾸는 것과 같고 영혼이 펼치는 드라마이기 때문에 그것이 마치 운명이나 숙명처럼 계속 돌고 도는 것이 아니다. 의식이 윤회라는 경험을 할 수는 있지만, 그것은 실체가 없는 흐름일 뿐이다.

5. 윤회는 벗어날 수 없고 숙명과 같다.

윤회론의 가장 큰 맹점과 폐해는 바로 숙명으로 받아들이는 것이다. 윤회가 마치 바꿀 수도, 벗어날 수도 없는 숙명인 것처럼 믿는 그 마음이 자신을 어둠 속에 가두는 힘이다.

이미 정해진 운명이나 숙명 따위는 없다. 우주는 순간에도 상상할 수 없는 속도로 변한다. 우리 의식과 삶도 마찬가지다. 그럴 가능성이나 확률은 있을 수 있지만, 그 어떤 것도 고정된 것은 없다. 정해진 것은 더더욱 없다.

만약 누군가 삶이 정해져 있다거나 이미 어떤 틀 속에서 움직인다고 이야기하는 사람은 모두 사기꾼이다. 진리를 제대로 깨닫지 못했을 뿐만 아니라 의식에 대한 통찰이 없고 관습적으로 생각하는 사람일 뿐이다.

윤회라는 것 자체가 물안개처럼 피어오르고 바람결에 나부끼는 꽃잎 같은 것이라서 숙명이라는 이름으로 나에게 다가올 수 없다.

6. 지금 생은 과거 생의 업장으로 만들어졌고 이를 참회하고 씻어야 다음 생을 잘살 수 있다.

이 생각이야말로 가장 깊고 어두운 죄의식이다. 원래 이런 발상은 인도를 침략한 아리안족이 원주민을 영구히 지배하기 위해 만든 일종의 통치 이념이다. 아리안족이 왕족이나 성직자 계급을 독차지하는 것은 전생에 복을 많이 지어서 그런 것이다. 원주민들이 노예로 살고 하찮은 일을 하는 것은 전생의 업장 때문이다. 그래서 이것을 있는 그대로 수용하고 참회하면서 이 죄업을 씻어야 내생에는 좋은 곳에 태어날 수 있다.

이 믿음이야말로 사악하고 잔인한 욕망의 소설일 뿐이다. 이 믿음 체계를 만들고 세상에 퍼트린 사람들은 그야말로 영악한 인간들이다. 사람의 의식을 뿌리 깊게 지배하고 집단 무의식의 힘을 빌어야 자신들의 기득권을 계속 유지한다는 것을 알았기 때문이다. 그래서 지금도 인도에는 계급이 존재하고 이를 지탱하는 것이 바로 이 믿음의 감옥이다. 이런 의미에서 인도의 영혼의 나라라고 칭하는 것은 허구요, 사기에 불과하다.

7. 불완전한 영혼이 윤회를 통해 삶을 경험하면서 완성해 나가는 것이다.

이 생각과 믿음은 서양 문화의 가장 깊은 뿌리다. 플라톤의 이데아론에서부터 기독교의 근간인 헬레니즘까지 모두 인간의 영혼을 불완전한 존재로 규정하고 있다. 힌두이즘도 마찬가지다. 이들의 사고

방식은 철저한 이원론이다. 완전과 불완전 흑과 백 죄와 벌 천당과 지옥 선인과 악인 등으로 철저히 둘로 나눠 본다.

깊이 사색해보면 이런 덜떨어지고 유치한 생각과 믿음이 그 오랜 세월 수많은 사람의 삶을 지배했을까 씁쓸하다. 더욱 안타까운 것은 지금도 수십억 명의 사람들이 이런 낡아빠진 생각에 사로잡혀 인생을 허비하고 있다는 현실이다.

불완전 따위는 없다. 모든 것은 있는 그대로 완전하다. 완전하다는 것은 지극히 조화롭고 아름답다는 뜻이다. 우리의 영혼 삶이 그렇다. 오히려 그 완전함을 가장 멋있게 펼치기 위해 윤회한다면 윤회한다.

금덩어리를 걸레에 싼다고 해서 금덩어리가 걸레로 변하지 않는다. 우리의 영혼은 그대로 완전하고 그 빛을 최대로 드러내는 과정을 스스로 만들어 경험한다. 그것이 오히려 윤회의 실체다.

8. 부부나 부모처럼 가까운 관계는 과거 생에 아주 깊은 인연으로 만난다.

인연이란 따로 없다. 나의 의식이 그 순간 공명해서 창조한다. 부부나 가까운 관계도 마찬가지다. 과거 생에 깊고 깊은 수십 번의 인연이 있어서 만나는 것이 아니라 같은 에너지끼리 공명하고 뭉치는 현상이다.

그렇기 때문에 인연은 쉼 없이 변한다. 변하는 것이 당연한 진리다. 아무리 지중하고 소중한 인연이라 해도 나의 의식이 성장하고 달라지면 따라서 변한다. 의식의 공명은 상상을 초월하는 속도로 일어나기 때문에 그 어떤 인연도 절대적이거나 정해진 것이 없다.

인연은 나의 의식이 어떤 상태인가에 따라 순간순간 반응하는 공명의 파도이다. 그러니 어떤 인연도 집착할 이유가 없다. 어떤 인연도 억지로 맺거나 멀리할 필요가 없다. 나의 의식 수준을 높이면 따라서 인연도 다 변하고 달라진다.

9. 윤회를 주관하는 절대자가 있고 그 신은 나의 선과 악을 정확히 판결하고 심판한다.

윤회를 주관하는 신은 없다. 더욱이 내 삶에 영향을 미치는 그런 신 따위도 존재하지 않는다. 만약 그런 신이 있다면 소설이다. 그런 신이 있다고 누군가 말한다면 허구다.

윤회나 환생은 그것을 주관하는 신이 만드는 작품이 아니다. 봄이 오면 꽃이 피고 가을에 열매를 맺듯 자연현상이고 진리의 작용이다. 의식의 공명에 따라 일어나는 공정한 법칙이다. 그래서 선과 악을 심판하는 자도 없다. 심판한다면 내가 스스로 하는 것뿐이다. 이를 정확히 알고 믿고 깨달아야 윤회의 심판에서 근본적으로 벗어난다.

10. 운명은 있으며 그 중심에는 과거 생의 자취와 윤회가 있다.

정해진 것은 없다. 그 주관자도 없다. 따라서 운명 또한 없다. 모든 존재는 의식의 투영일 뿐이다. 나도 마찬가지다. 우리 모두도 그렇다. 그런데 우리의 어리석은 마음은 늘 운명을 믿고 싶어 한다. 주관자가 있기를 바란다. 윤회가 구르고 굴러서 영원히 쉬지 않기를 기도한다. 왜 그럴까?

생에 대한 근본적인 욕망과 두려움 때문이다. 우리가 알고 있는 윤회는 그런 욕망과 두려움이 만든 소설이다. 이를 정확히 알고 깨닫고 삶 속에서 실천할 때 우리는 가장 완전한 자유를 누린다. 가장 놀라운 축복을 맞이하고 내 삶에 유일한 창조주로 부활한다.

천도재는 영혼들에게 이 진리를 깨닫도록 돕고 축복하는 과정이다.

어제는 추억, 지금은 행복, 내일은 희망

"소장님, 제 전생은 어땠어요?"

"아주 잘 살았죠."

"아니 그런 거 말고요."

"그런 거 아니면 뭐가 궁금해요?"

"그냥, 구체적으로……."

"있지도 않은 전생을 구체적으로 알아서 뭐하게요?"

"그냥요……."

"전생 같은 거 없어요. 그냥 기억할 수 없는 추억일 뿐이에요."

"그러면 왜 천도재를 지내요?"

"지금을 잘 살고, 앞으로를 더 잘 살기 위해서요."

많은 사람이 윤회론의 굴레 속에 천도재를 이해한다. 전생은 지금의 생에 큰 영향을 미치고 또 지금의 인생은 미래의 생을 절대적으로 지배한다. 그래서 과거의 죄업을 씻고 지금의 업을 갚아야 내생에 좋은 곳에 태어난다는 믿음이다. 이것은 종교 설화에만 의지해서 윤회나 천도를 이해한 아주 낮은 수준의 해석이다.

사람이 생을 마치면 모든 의식은 사라진다. 그리고 우리가 영혼이라 부르는 무의식만 남는다. 그런데 이 무의식은 저장 용량이 무한대인 USB라고 생각하면 된다. USB는 여러 가지 정보와 자료를 저장해서 가지고 다니는 휴대용 기억 장치라고 할 수 있다.

우리의 영혼이 이와 같다. 태초에는 텅 비어 아무것도 없는 저장 공간에 삶을 계속하면서 온갖 정보와 자료를 담는다. 그 정보와 자료들은 비슷한 것끼리 서로 뭉치고 모인다. 이것이 불교에서 말하는 업식業識이 되고 업식이 씨앗으로 작용해서 업력業力을 만들고 이 업력을 반복하면 업장業障이 된다.

그런데 수많은 생을 거듭하며 무의식에 저장한 정보 중, 가장 강한 힘을 발휘하는 것이 바로 감정이다. 깊은 감정일수록 주파수가 강하기 때문인데, 이 감정들은 무의식 속에서 서로 비슷한 것끼리 뭉쳐 더욱 센 힘을 발휘한다. 업력이나 업장은 바로 이런 강한 감정들의 주파수가 우주와 공명을 해서 비슷한 것들을 끌어오고 드러나게 하는 현상을 말한다.

부처님께서 "알고도 짓고 모르고도 지은 죄업"이라고 표현한 것은 내 무의식 속에 어떤 정보나 감정이 뿌리 깊게 있는지 대부분 모르고 살기 때문이다. 자신의 무의식을 확연히 통찰하고 깊게 알면 더 이상 거기에 끌려다닐 필요가 없다. 더는 과거의 정보에 내 삶을 맡기고 휘둘릴 필요는 더욱 없다.

특히 삶에 지대한 영향을 미치는 무의식에 감정은 그것을 알아차리고 인정하고 정화하는 순간 사라진다. 그 존재 자체가 실체가 없는 허상이기 때문이다.

"어린 시절의 아픈 감정을 있는 그대로 인정하고 보듬어 줬는데, 그 고통이 순식간에 사라졌어요. 이제는 저를 있는 그대로 사랑할 수 있어요."

우울증과 공황장애가 너무 심했던 한 도반은 내 이야기를 듣고 일던 천도재를 지내기로 했다. 7주 동안 천도재를 지내면서 자신의 무의식 속에 뿌리 깊게 숨어 있던 감정들을 하나씩 청소했다.

"처음 소장님께서 천도재 이야기를 하셨을 때는 의아하고 솔직히 의심도 했어요. 그런데 천도재를 지내면서 소장님께서 하나하나 진리의 내용을 설명해 주시면서 저도 모르게 마음이 확 열리는 느낌을 받았거든요."

이 도반은 마음의 고통과 삶의 문제를 해결하기 위해 너무 오랜 세월 시간과 돈과 열정을 허비했다.

"굿을 몇 번이나 했는지 기억 못 할 지경이었어요."
"다른 치료도 받았어요?"

"유명하다는 스님도 많이 찾아다니고, 도사니 명상 스승이니 하는 사람들을 찾아 평생 떠돌아다녔어요."

"그분들이 주로 무슨 이야기를 하던가요?"

"전생의 업이 너무 무겁고 어둡다고 그 업을 씻어야 한다고요."

"역시나 그랬군요. 전생에 업을 씻는다면서 오히려 도반님의 마음이 더욱 과거에 집착하도록 세뇌시켰군요."

"그런 거죠. 저는 이제는 거기서 빠져나올 수 있어 정말 다행이고 행복해요."

아무리 깊고 무거운 무의식의 정보라도 그것을 찾아내서 정화하거나 치유하면 그뿐이다. 마치 USB에 저장한 줄도 모르고 있던 쓸데없는 잡동사니들을 손쉽게 삭제하듯 우리의 무의식도 그렇게 하면 된다.

그런데 그 작업은 바로 지금 이 순간에만 할 수 있다.

"과거에 어떤 무거운 업을 지었든 그것은 사실 별 힘이 없어요. 지금 이 순간 알아차리고 그것을 진실하게 인정하면 곧 사라지거든요."

"그러면 과거 생의 영향력은 지금 이 순간 나의 선택에 달린 거네요."

"바로 그겁니다!"

"지금 이 순간의 자각과 선택이 모든 것을 좌우하는군요."

"그 진리를 제대로 알면 정말 삶이 행복해요."

"그래서 소장님께서 천도재 지내는 내내 이 말을 계속하셨군요."

어제는 추억이요, 지금은 행복이고, 내일은 희망이다. 천도재는
이 위대한 진리를 깨닫고 실천하는 첫걸음이다.

가장 즐거운 여행

"'감사합니다. 아버지 감사합니다. 오빠 감사합니다. 어머님 아버님 감사합니다.' 이 말을 계속 되뇌며 한 주를 보내고 있어요. 아버지의 외로움과 오빠의 서러움을 알아드리겠다고 했어요. 그리고 살아계시는 어머니에게도 어머니 마음이 이해되고 잘해드리게 되네요. 그동안은 어머니의 고집을 계속 지적하며 잔소리만 했는데, 이제는 진짜 그 심정을 이해할 수 있어요. 신기하게 제 마음이 변했어요."

천도재를 지내면서 가장 많이 목격하는 변화는 바로 재를 모시는 사람들의 마음이다. 처음에는 대부분 반신반의하거나 마지못해 의무감으로 천도재를 시작하는 경우가 많다. 진리에 대해 전혀 모르는 사람들이 그리고 영혼의 세계는 더더욱 깜깜한 이들이 흔쾌히 천도재를 지낼 리 없다. 그러나 천도재를 지내는 과정에서 무엇보다 마음의 큰 변화를 겪는다.

청안 도반도 처음에는 천도재 지내는 것에 대해 별 확신이 없었다. 그런데 재를 시작하자마자 이렇게 고백했다.

"소장님, 제가 아버지에 대한 죄책감을 애써 외면하고 살았어요. 생각하면 너무 마음이 아프고 힘들어서요. 오빠에 대해서도 마찬가지였어요. 저 깊은 마음속에서는 서로 못다 한 이야기들이 가득한데 저 혼자 어떻게 할 수가 없으니까 계속 쳐다보지 않았어요. 그런데 이제는 아버지와 오빠의 마음을 그대로 인정하고 받아들일 수 있어요."

청안 도반은 아버지와 오빠의 마음만 받아들인 게 아니다. 아버지와 오빠에 대한 자신의 마음도 있는 그대로 인정하고 받아들일 수 있었다.

"마음이 정말 편안하고 홀가분해요. 아버지와 오빠 그리고 천도재를 모신 분들이 정말로 기뻐하신다는 것을 느낄 수 있어요. 소장님, 정말 감사합니다."

"천도재는 즐겁게 빛의 세계로 여행을 떠나도록 돕는 과정이에요. 그런데 그것은 죽은 영혼에게만 그런 게 아니라 살아 있는 사람에게도 마찬가지예요."

청안 도반은 천도재를 모신 이후 인생을 훨씬 편안하게 살고 있다. 몸은 더 건강해지고 마음은 나날이 행복으로 가득하다. 시간이 날 때마다 자연과 함께하면서 여행하듯 일상을 가꾸고 있다.

"이렇게 기쁨 속에 자신의 가능성을 표현하면서 사는 거지요?"
"그럼요. 날마다 여행하는 마음으로 기쁨 속에 자신을 마음껏 드러내고 살면 그뿐입니다. 그러려고 계속 윤회를 하고 변화를 겪는 거예요. 그 기쁨을 완전히 창조하고 드러내기 위해서."

여행은 즐거움과 설렘이 가득하다. 낯선 곳으로의 여행은 엄청난 활력을 주고 마음에 행복을 심어준다. 지친 마음을 위로하고 치유하며 좋은 느낌과 영감을 끌어올린다.

천도재도 마찬가지다. 어둠의 세계에서 빛의 세계로, 속박의 굴레에서 자유의 환희로 떠나는 여행이다. 혼란한 마음에서 편안한 마음으로, 어리석음의 동굴에서 지혜의 들판으로 떠나는 여행길이다.

그런데 그 여행은 영혼만을 위한 것이 아니다. 살아 있는 사람이 정성을 다해 천도재를 올리면 그의 영혼도 새로운 여행길을 떠난다.

"소장님, 밤에 꿈을 꿨는데 어떤 귀인이 눈망울이 초롱초롱하고 예쁜 아기를 안고 계셨는데 제가 아기 옷을 입힐게요. 하면서 눈을 떴어요. 그러고는 잠에서 깼어요."

한 도반이 자신의 삶을 근본적으로 바꾸고 싶다고 천도재를 지내 달라고 했다. 이렇게 살아 있는 사람을 위해 지내는 천도재를 생전예수재^{生前預修齋}라고 한다. 살아생전에 미리 천도재를 지낸다는 뜻이다.

그러고 나서 이 도반은 아기 꿈을 꾸었는데 그것은 새로운 탄생을 의미한다. 과거의 나를 떠나보내고 새로운 삶의 주인공으로 부활하는 것을 뜻한다. 천도재를 살아 있을 때 미리 지내는 가장 큰 이유는 몸과 마음과 에너지를 확 바꿔서 빛의 존재로 거듭나기 위해서다.

이것이야말로 천도재를 통해 새로운 인생 여행을 하는 좋은 길이다. 그래서 천도재를 잘 모시는 것은 영혼들에게나 본인에게나 가장 즐거운 여행이다.

✳

빛으로 와서 빛으로 돌아가다

"아빠가 그렇게 말했다고요? 믿을 수가 없어요!"

청명 도반은 깜짝 놀랐다.

"아빠는 빛의 길로 가고 싶다고 강렬하게 외쳤어요. 더는 나를 어둠에 묶어 두지 말라고요. 멀리 미국으로 가서 세상에 빛으로 드러나고 싶다고 절실하게 말했어요."

"그럼 나 혼자만 아빠를 그리워하고 보고 싶어서 애달파했네요. 바보처럼……."

"이 세상을 떠난 누군가를 그리워할 때 그 사람을 위하는 경우는 없어요. 지극히 이기적인 마음에서 자기 좋자고 붙들고 있는 거죠."

청명 도반은 더욱 깜짝 놀라면서 그럴 리가 없다는 표정으로 나를 바라봤다.

"모든 영혼은 빛의 길로 나가기를 정말 간절히 원합니다. 열흘 굶은 사람이 밥을 생각하는 것처럼 그렇게 간절히 빛으로 부활하기를 소망해요. 그런데 남아 있는 사람들은 자기감정과 생각에만 파묻혀 있기 때문에 영혼들이야 어떻게 되든 말든 어둠 속에 처박아 놓는 경우가 대부분이죠."

"그럼 어떻게 해야 할까요?"

"아빠를 믿고 빛의 길로 갈 수 있도록 함께 축복하세요. 내 서러움에 파묻혀 있지 말고 빛으로 보내드리는 것인 진정한 사랑이라고 믿으세요."

"아빠가 천도를 받거나 환생하면 저와는 영영 이별이잖아요."

"의식은 시간과 공간을 초월해 다 연결되어 있어요. 아빠가 새로운 생명을 받는다고 모든 것이 끝나는 게 아니고요. 항상 의식은 서로 공명합니다."

떠난 사람을 잊지 못하거나 보내기 싫어하는 것은 '영적 분리불안 장애'이다. 즉 영혼의 깊은 병이다. 사람들은 애절하고 간절한 그리움으로 포장하지만, 그것은 분명 영적으로 병든 상태다. 그런데 이 병은 자신의 영혼만 망치는 것이 아니다. 떠난 자의 영혼에도 깊은 영향을 미쳐 함께 어둠 속에 헤매게 한다. 사랑하고 좋아하는 사람을 위해서 그리워한다고는 하나 그것이 오히려 서로에게 아주 몹쓸 짓을 하는 상황이다. 이를 하루라도 빨리 인정하고 받아들이는 것이 서로에게 가장 이롭다.

그런데 영혼들은 왜 빛의 세계로 나가고 싶어 할까? 이유는 간단하다. 영혼의 본질이 빛이기 때문이다. 이 우주의 시작은 빛이다. 우주 의식이 물질우주를 창조할 때 처음 드러낸 것이 빛이다. 다시 말해 우리가 경험하는 이 모든 우주 삼라만상의 출발이 빛이고 뿌리가 빛이다.

영혼도 마찬가지다. 우주의식이 빛을 만들고 그 흐름 속에 개별적인 의식 즉 영혼도 탄생했다. 의식이나 영혼이나 같은 말이고 그 본질이 빛이다. 대부분 임사 체험을 했다는 사람들의 공통점이 있다. 처음에는 캄캄한 어둠 속에 있다 어느 순간 황홀하고 경이로운 빛이 앞에 나타난다. 그리고 그 빛을 따라가니 하나의 문이 있었고, 그 문을 열자 완전한 광명光明, 즉 빛의 세계가 있더라는 것이다.

이 임사 체험은 동서고금이 같다. 문화와 전통이 다른 전 세계 사람들이 어찌하여 똑같은 죽음의 체험을 할 수 있었을까? 원리는 간단하다. 의식의 본질이 빛이기에 임사 체험이든 유체 이탈 경험이든 또는 직접 죽음을 맞이한 경우든 모두 다 의식이 그 본래 모습인 빛을 자각하는 과정이었을 뿐이다.

"아버지는 돌아가시기 직전에 마치 빛을 보는 사람처럼 환하게 웃으시고 황홀경에 젖은 사람처럼 얼굴이 빛났어요. 그러고는 고요히 눈을 감으셨죠."

아버지의 임종을 지켜보던 독실한 기독교인이 내게 한 말이다.

"아마도 아버지는 하나님 나라의 문을 주님께서 열어주시는 모습을 보신 모양입니다. 저는 아버지가 소천하시던 그 마음을 평생 간직하고 있어요."

"빛을 보고 빛으로 돌아가셨군요. 모든 사람의 마음은 원래 우주의 빛이라 자신을 제대로 확인하고 찾아가셨군요. 그것이 천국이요 극락이지요."

내 말에 독실한 기독교인이었던 그는 아리송하다는 표정을 짓고 있었다.

천도의 핵심을 빛으로 온 영혼이 삶의 온갖 역정을 겪으면서 잊고 있었던 빛을 다시 찾게 하는 과정이다. 그런데 이 과정에 가장 큰 방해를 하는 것이 바로 가족들이다. 그것도 가장 깊은 사랑을 나누고 고인과 마음을 나눈 사람일수록 더 큰 어둠으로 작용한다.

왜냐하면, 자신의 어둠으로만 고인을 보기 때문이다. 빛으로 돌아가고 싶어 절절히 외치는 영혼들을 자신의 어둠과 이기심으로 붙들고 놓아주지 않는 어리석음. 그것은 가장 잔인하고 못된 영적 테러이다.

이제는 그리움이라는 미명으로 혹은 사랑이라는 착각으로 자행했던 영적 테러를 멈춰야 한다. 그리고 오직 빛으로 온 영혼들이 빛의 길을 다시 잘 찾아가도록 돕고 응원하고 축복해야 한다. 그것이 가장 아름다운 사랑이고 의미 있는 축복이다.

소명의 꽃을 피우고

"소장님, 예수재를 지내고 싶어요."

"생전예수재를요?"

"네!"

"무슨 사연이라도 있어요?"

"팔월 안으로 지금 운영하는 가게를 팔고 부산에 있는 집도 팔아야 합니다. 그리고 새로 살 집을 사서 이사해야 합니다."

"인생을 정말 새롭게 출발하고 싶은 거지요? 그렇다면 예수재를 모시지만, 단순히 미신처럼 믿는 마음이라면 사양할게요."

"진짜 새롭게 출발하고 싶어요. 과거의 나를 다 정화하고 떠나보내고 싶어요. 그리고 진짜 새 인생을 살고 싶은 마음이 간절해요."

"그러면 정성껏 지내봅시다."

불교에는 원래 생전예수재를 많이 지낸다. 예수재는 천도재를 미리 지낸다는 뜻이다. 공부도 예습하면 훨씬 수월하고 머리에 쏙쏙 들어오는 것처럼 자신의 천도재를 미리 지내서 생사의 자유를 얻으라는 의미다. 그런데 이 예수재의 의미가 세월이 흐름에 따라 자꾸 변했다. 그래서 지금은 많은 사람이 예수재를 지내면 무병장수를 얻고 복을 받는다고 오해하고 있다. 종교 생활에 있어 기복 신앙祈福信仰도 충분히 인정해야 한다. 그러나 그 원리를 모르고 무턱대고 복을 빌고 축복받기를 갈망한다면 이것은 마음을 더욱 가난하게 해서 오히려 삶에 해롭다.

나는 예수재를 문의한 도심 도반이 그런 원리를 잘 이해하고 지내기를 바라는 마음에 몇 가지를 물었다.

"절차는 천도재와 같아요. 다만 살아 있는 사람의 의식을 위해 지내는 것이기 때문에 부르는 호칭만 조금 다릅니다. 제가 정성껏 재를 모실 테니 도반님은 재 기간 내내 '호오포노포노'* 정화를 하세요."
"네, 잘 알겠습니다. 소장님."

나는 거리상 그리고 시간상 재에 참석하기 어려운 분들을 위해서

---

* 호오포노포노(Ho oponopono): 고대 하와이인들의 치유법으로 '호오'는 목표, '포노포노'는 완벽함을 뜻한다. 즉 '완벽을 목표로 잘못을 바로 잡는 것'을 의미한다. 고대 하와이인들은 기억을 정화해 삶을 행복으로 이끄는 것을 치유법으로 삼았다.

도 재를 지내는 경우가 많다. 물론 적어도 세 번은 꼭 참석하라고 간곡히 당부하지만, 여건상 그것도 어려운 사람들이 의외로 많다. 그럴 때는 꼭 호오포노포노 정화를 당부한다. 그 방법과 요령을 알려주고 시간이 날 때마다 정성스럽게 하도록 한다.

그것은 천도의 첫 번째 의미가 바로 깊은 정화이기 때문이다. 고인을 위해서도 정화가 필수지만, 살아 있는 사람이 마음을 정화하면 영혼에게도 절대적으로 좋다. 그뿐만 아니라 본인들에게도 큰 축복이다.

나는 도심 도반에게 재에 참석하지는 못할 때는 호오포노포노 정화를 잘하도록 부탁하고 정성스럽게 예수재를 진행했다. 그런데 예수재를 지낼 때는 더더욱 그 주인공의 무의식과 소통하고 공명해야 한다. 그래야 그 무의식 속에 깊게 자리하고 있는 어둠을 말끔히 청소하고 빛으로 채울 수 있다.

"도반님, 수치심을 정화하세요. 도반님은 자기 자신을 엄청 부끄럽고 수치스럽게 생각하면서 지금까지 살았지요? 너무 못나고 못 배웠다고 자신을 너무 싫어했군요. 그래서 더 성공과 돈에 집착했고 허탈한 마음을 감추기 위해 허영을 부리면서 살았네요. 이제는 자신의 수치심과 그것이 만드는 두려움을 있는 그대로 바라보고 인정해야 합니다. 그리고 정화해야지요."

"정화하면 두렵고 눈물만 계속 납니다!"

"하는 척만 하니까 그렇지요. 소장님이 하라고 하니 어쩔 수 없이 하기는 해야 하는데, 자신의 부끄럽고 수치스러움을 바라보거나 인정하는 것이 너무너무 싫어서, 그래서 더 무섭고 눈물만 나는 겁니다."

예수재를 지내는 동안 나는 도심 도반과 계속 소통했다. 그런데 도심 도반은 호오포노포노 정화를 하는 척만 했다. 그래서 나는 있는 그대로의 진실을 알려주고 제대로 정화를 하라고 다시 간곡히 알려주었다.

"다시 해보겠습니다. 저는 정말 행복하고 풍요 속에 그리고 축복과 함께 사랑을 나누면서 살아갈 권리가 있습니다!"
"그렇지요! 그 권리를 찾고 싶다면 수치심을 정말 제대로 정화하면 됩니다. 내가 정화한 만큼 행복과 풍요는 저절로 드러나요."

그렇게 도심 도반은 점점 더 깊은 자신의 마음속으로 들어갔다. 그리고 성심을 다해 정화했다. 나는 예수재를 지낼 때마다 도심 도반의 무의식과 소통하고 공명하면서 정성을 다해 재를 모셨다.

그러던 어느 날 반가운 소식이 왔다.

"소장님, 집 계약했어요!"
"와, 정말 좋은 일이군요."

일단 살 집을 찾던 도심 도반이 정말에 마음에 드는 집을 계약했다면서 반가운 소식을 알렸다.

"소장님, 칠월 말까지 가게 팔 수 있도록 도와주세요. 정말 간절해요. 팔월 안에 세 가지 일을 마무리하려면 반드시 칠월에 가게를 팔아야 해요."

"도반님, 호오포노포노로 무의식에 수치심과 어두운 마음을 잘 정화하면, 내가 원하는 모든 것은 저절로 드러납니다. 그것이 우주의 진리고 시스템이에요. 그러니 안심하고 호오포노포노 정화를 계속하세요. 나도 예수재를 잘 모실게요."

"네, 저도 이제는 조금씩 그 진리를 알아가고 있어 정말 다행이고 행복합니다."

그렇게 내가 모시는 도심 도반의 예수재와 본인이 진실하게 실천하는 정화는 서로 공명하고 있었다.

"소장님, 가게 계약했어요!"

예수재 종재를 마치고 일주일 뒤 도심 도반은 가게 매매 계약을 했다. 그것이 6월 29일이다.

"경사로세~ 경사로세~ 내가 유월에 임자가 나타난다고 했는데,

하루 남겨두고 계약했군요."

"네! 감사드립니다. 정말 새 출발 할 수 있어요."

예수재를 지내면서 나는 6월에 가게를 매매할 수 있다는 강한 메시지를 받았었다. 그래서 도심 도반에게 전해주었는데 그게 6월 29일 현실로 그대로 드러났다.

그리고 일사천리로 모든 일을 술술 풀려 팔아야 할 집도 곧 계약했다. 그러니까 8월까지 가게와 집을 팔고 새로운 집을 사야 하는 이 세 가지 과업을 7월 안에 모두 끝낼 수 있었다.

"예수재를 지내면서 저의 깊은 곳에서 무엇인가가 쑥~ 빠져나가는 느낌이었어요. 저의 깊은 마음속에 수치심과 두려움을 봤고 그것이 엄마 뱃속에서부터 형성된 것이란 것도 알았어요."

실제로 도심 도반의 엄마는 그녀를 가졌을 때 몹시 힘든 상황이라 지우려고 부단히 애를 썼다고 한다. 도심 도반은 그런 마음과 깊은 감정을 모두 마주했고 그것을 정화를 통해 풀어냈다.

"예수재를 지내면서 정말 다시 태어난 느낌입니다. 정화를 통해서도 제 저 자신을 새롭게 바라보고 점점 더 진실하게 사랑할 수 있는 마음이 자랐어요."

도심 도반은 예수재를 통해 엄청난 성장을 경험했다. 그런데 그 성장의 핵심은 바로 소명에 대한 각성이다.

"소장님, 재를 지내고 나니 한 번 더 저의 소명을 나에게 다짐합니다! 참나真我를 확연히 깨닫고 참나에 머물면서 이 세상에 유익을 주는 사람으로 살리라. 그리하여 행복을 전하는 주인공이 되리라!"

도심 도반이 나에게 보낸 자신의 소명이다. 소명은 영혼이 이 세상에 나온 목적이다. 가장 근원적인 소망이고 우주와 약속이다. 소명은 삶을 빛으로 안내하는 강력한 힘이다. 소명을 찾은 사람은 가장 자신답게 아름다운 인생을 사는 사람이다. 소명은 삶을 꽃처럼 피우고 별처럼 빛나게 만드는 에너지다.

"다른 무엇보다 도반님이 소명을 찾은 것이 정말 대단하고 자랑스러워요. 아무리 성공하고 출세해도 소명이 있어야만 진정 행복한 인생이에요. 도반님이 그 소명을 가슴에 품었다는 것이 예수재를 지내면서 경험한 가장 놀라운 축복입니다."

"저도 정말 행복해요. 그동안 돈만 생각하면서 돈에 눌려 살아온 삶을 뒤로하고 이제는 진정한 풍요와 행복의 주인공이 되어서 많은 사람에게 좋은 메시지를 전하고 싶어요."

"그럼요, 그렇게 할 수 있지요. 도반님은 얼마든지 그렇게 창조할 수 있어요."

소명은 영혼의 나침반이다. 그것을 찾았다면 인생의 보물 지도도 함께 얻는다. 도심 도반이 자신의 예수재를 통해 현실적인 축복은 물론 자신의 소명을 찾았다는 것에서 우리는 많은 것을 배워야 한다.

경이로운 자유를 만끽하라

"소장님 제 전생을 알고 싶어요."
"무슨 이유로 알고 싶으세요?"
"남편과의 인연이 전생에서부터 시작했다는 것을 깨달았어요. 꼭 알려주세요."

25년 전 사별한 남편에 대한 회한이 파도처럼 밀려왔던 선양 도반이 나에게 연락했다. 그동안 먹고 살고 세 아이를 홀로 키우느라 옆도 뒤도 돌아볼 수 없이 살았던 선양 도반. 그녀는 딸아이의 우울증 문제를 상의하면서 천도재를 모시기로 했다. 그러던 차에 남편과 풀 수 없었던 여러 가지 삶의 숙제를 하나하나 마주했다. 그리고 용기를 내서 그 과제들을 인정하고 정화하는 과정에 있었다.

"제가 전생 채널링을 하기는 하는데요, 전생을 알아봐야 별 소용이 없어요. 중요한 것은 지금, 이 순간의 선택입니다."

나는 처음 선양 도반이 전생을 알고 싶다고 했을 때 이렇게 대답했다.

"네, 잘 알겠습니다."

선양 도반은 지혜가 밝고 영적 수준이 높은 공부인工夫人이다. 그래서 내가 말한 초점을 항상 정확하게 안다. 이번에도 내가 말한 그대로를 수긍하고 받아들였다. 그런데 그 이후 명상을 하고 있는데 갑자기 폭풍우 몰아치는 산기슭에서 젊고 젊은 군인 하나가 눈물이 그렁그렁해서 얼어 죽고 있는 모습이 떠올랐다. 나는 그런 영상이 떠오르면 아무 생각 없이 그대로 바라만 본다. 그래야 그 영상들 속에서 진실을 읽을 수 있기 때문이다.

"도반님은 전생에 나철 선생이 이끄는 단군교 계열의 독립군이었어요. 주로 만주와 북녘땅을 오가면 무장 투쟁을 벌였죠. 남편은 그 독립군을 몰래 돕던 동네 처녀였고요. 둘은 서로 사랑하고 조국이 독립을 쟁취하면 함께 살기로 약조했답니다."
"그래서 어떻게 됐나요?"
"그 처녀를, 그 처녀를, 누군가 일본 놈들에게 밀고했어요. 이 과정에 독립군 총각과 서로 오해와 왜곡이 있었어요."
"세상에나, 어떻게 그런 일이……."
"그 처녀는 일본군에게 참혹한 고문을 당하다가 학살당했어요. 사랑하던 처녀를 잃고 오해에 휩싸인 독립군 총각은 미친 듯이 전쟁터를 뛰어 달리다 얼어 죽고 말았답니다."

나는 내 마음속에서 올라온 영상을 그대로 알려주었다. 그리고 얼마의 시간이 흐른 후 선양 도반은 이런 답을 보냈다.

"이제는 제대로 알았어요. 제가 왜 그렇게 단군을 섬기고 남북통일을 염원했는지를요. 그리고 일본이 왜 그렇게 싫었는지도 다 알았어요. 참 신기하죠. 저는 밤에 잠을 자다가 내 몸이 얼음장처럼 차가운 것을 느껴요. 마치 얼어 죽은 사람처럼 온몸이 꽁꽁 얼어붙는 경험을 자주 한답니다."

"그러셨군요. 다 그런 사연이 있었어요."

"그런데 그 독립군이 얼어 죽은 곳이 개마고원인가요? 저는 아무런 이유 없이 통일되면 무조건 개마고원에 가고 싶었거든요."

"개마고원과 백두산 중간 정도예요. 죽으면서도 백두산을 한없이 바라보면서 죽었죠."

"그렇군요. 그리고 그 밀고자는 여자이죠? 그리고 지금 생에는 남자로 태어났죠?"

"네, 맞아요."

나는 그 밀고자로 떠오른 인연에 대해 말하고 싶었으나 선양 도반은 이미 다 알고 있다는 듯 더는 묻지 않았다.

천도재를 지내는 가장 근원적이고 중요한 목적은 바로 자유를 얻기 위함이다. 그러면 어디서부터 어떤 자유를 얻을 수 있다는 말인가?

첫째는 인연으로부터의 자유다. 인생이란 인연이 엮어 만들어 내는 한 편의 교향곡이다. 살아가면서 만나는 모든 존재는 나와 인연이란 끈으로 서로 공명한다. 때로는 상생의 선연으로 때로는 가슴 아픈 상극으로 진동하고 얽힌다. 때로는 가족이란 이름으로 사랑과 증오의 연극을 펼치고 때로는 친구, 동료, 연인의 이름으로 온갖 드라마를 만든다. 배신과 복수의 칼을 가는 것도 인연 때문이요 천국과 지옥을 오르락내리락하는 것도 인연의 소치이다.

인생의 모든 것을 인연이 좌우한다. 그런데 그 인연이란 무엇인가? 그 순간 나와 함께 나타났다 다시 어디론가 흘러가는 시냇물 같은 것이다. 그 상황에서 나와 함께 공명하고 다시 허공 속으로 사라지는 바람 같은 것이다. 그런 인연의 속성을 알고 깨어나야 스스로 삶을 가두고 있던 모든 인연에서 벗어날 수 있다.

둘째는 업으로부터의 자유다. 인연은 반드시 업이라는 결과물을 만든다. 그동안 수많은 천도재를 지내면서 내가 꼭 영가들에게 축원해주는 내용이 있다. 이제는 모든 무명업장無明業障으로부터 벗어나 훌훌 날아오르라는 내용이다. 인연이 얽히고설키고 이렇게 공명하고 저렇게 작용해 업을 낳는다. 그 업은 다시 나를 구속하는 업장을 형성해 커다란 장벽으로 내 앞을 막는다. 마치 미로에 빠진 강아지처럼 업의 굴레에 빠지면 헤어날 길이 없다. 업장의 성에 들어가면 좀처럼 나오기 힘들다.

그래서 어둠은 계속 어둠을 낳고 고통은 더 큰 고통을 끌어올 뿐이다. 이런 모든 업을 종식하고 맑고 푸른 창공처럼 자유로워야 한다. 그것은 얼마든지 가능하다. 왜냐면 업이나 업장이라 하듯 그것 또한 연기처럼 실체가 없는 허상이기 때문이다.

셋째는 집착으로부터의 자유다. 인연의 작용 속에 업을 낳고 그 업은 다시 나를 지배하면서 집착을 만든다. 집착은 무엇인가에 대한 강한 끌림을 말한다. 영가들은 대개 세 가지의 집착을 갖고 있다. 그 중 가장 많은 것이 애착이다. 애착은 사랑하고 좋아하는 것에 계속 가까이하고 싶은 욕망이다. 특히 가족에 대한 애착이 많은 영혼은 높이 그리고 멀리 올라가지 못하고 가족 주변을 맴도는 경우가 많다. 그렇게 몇십 년 혹은 몇백 년을 먼지처럼 둥둥 떠다니는 영혼도 엄청 많다. 그 원인이 바로 애착 때문이다.

탐욕이 많은 영혼은 탐착에 걸리고 원한이나 원망을 품고 죽은 영혼은 원착이라는 감옥에 갇힌다. 이 모든 것은 영혼을 어둠과 퇴보의 길로 밀어버리는 검은 에너지다. 애착, 탐착, 원착이 많은 영혼이 집안에 있다면 그 집안의 기운은 점점 사그라져 자손들이 쇠락한다. 천도재는 이런 기운을 다 정화하고 풀어서 자유의 길로 안내한다.

넷째는 자신으로부터의 자유다. 사실 나를 키울 수 있는 것도 나요, 억압하는 것도 나 자신이다. 나를 진실로 사랑할 수 있는 존재도 나요, 증오하고 멸시하는 것도 나다. 천도재를 지내다 보면 자신을 미워하고 원망해서 스스로 삶을 망친 영혼을 자주 만난다. 그 영혼들에게 간곡히 진리를 알려주고 성인들의 말씀을 전해주면 비로소 깨어나 한탄한다.

"내가 그것을 왜 몰랐을까? 내가 그것을 왜 몰랐을까?"

내가 나를 그렇게 못 믿고 미워해서 스스로 인생을 망쳤다는 것을 자각한 영혼들은 온 산천이 떠나갈 정도로 절규한다. 그런데 그 절규 너머에 진정한 자유로운 삶을 선택하고 창조할 수 있는 힘이 있다는 것을 곧 깨닫는다.

"소장님, 마음이 정말 홀가분하고 개운합니다. 이제는 정말 저 자신을 사랑하면서 순간순간 제대로 인생을 살 수 있다는 자신감이 생겨요."

집안 천도재를 정성을 다해 모신 한 도반이 종재를 마치고 나서 한 말이다. 이 도반은 천도재를 지내는 동안 자신의 마음속에 깊게 뿌리를 내리고 있던 관념, 습관과 스스로에 대한 깊은 불신을 발견했다.

"제가 얼마나 깊게 저 자신을 미워하고 믿지 못하고 있었는지 이제는 깨달았어요. 마음속 깊은 곳에서 나는 부족하고 뭘 해도 안 된다는 확고한 신념이 있는데 어떻게 하는 일이 성공했겠어요. 천도재를 지내면서 제가 저를 제대로 알고 그 과거의 어두운 의식들을 떠나보냈다는 것이 정말 행운 중 행운입니다."

여러 번의 사업 실패로 괴로워하던 이 도반은 천도재를 통해 스스로를 가두고 있었던 어둠의 신념을 벗어던질 수 있었다. 그리고 지금은 훨훨 날개를 달고 정말 즐겁고 행복한 성공 가도를 달리고 있다.

인생은 실체가 없고 실상도 없다. 정해진 것도 없다. 1초 앞의 일은 그 누구도 모른다. 다만 내가 순간순간 어떤 선택을 하느냐에 달려 있다. 그것을 알고 깨닫고 실천하는 것이 곧 자유의 길로 들어서는 가장 쉽고 빠른 방법이다. 천도재는 바로 그 진리를 죽은 사람이나 산 사람에게 설파한다.

하나의 세상을 위하여

"소장님, 개들도 천도재를 지내세요?"

"개들도 의식이 있으니 당연히 천도재를 지내죠."

"개들도 영혼이 있다는 뜻이에요? 그럼 사람의 영혼과 개들의 영혼은 같나요, 다른가요?"

"우선 의식과 영혼은 같으면서도 다른 측면이 있어요. 의식이라고 할 때는 모든 마음 작용을 말합니다. 저는 주로 마음을 세 가지로 구분하는데 겉마음, 속마음, 깊은 마음이 있어요. 심리학적으로 말하자면 표면의식 잠재의식 무의식이라고 할 수 있죠."

"그런 이야기는 많이 들어봤어요. 표면의식은 우리가 평상시에 생각하고 말하는 뭐 그런 마음이고 잠재의식은 그 밑에 숨어 있는 마음이랄까? 그런 것이고 무의식은 꿈을 통해 드러나는 아주 깊은 마음이라고 소장님께서 말씀하셨어요."

"그렇죠. 그런데 우리가 생을 마치면 겉마음, 속마음은 사라져요. 그리고 무의식만 남는데 그것을 영혼이라고 부릅니다."

245

"아, 같으면서 다르다는 것은 살아있는 때는 이 세 가지 마음이 함께 작용하지만 죽으면 두 가지 마음은 흩어지고 무의식인 영혼만 남기 때문에 같으면서도 다르다고 하셨군요. 그러면 사람의 영혼과 개나 동물들의 영혼은 어떻게 다른가요?"

"의식의 수준이 달라요. 인간은 겉마음과 속마음 즉 표면의식과 잠재의식이 지구에서 가장 발달한 존재예요. 그러나 동물들은 이 두 가지 의식이 거의 발달하지 못했어요. 그래서 그냥 본능적으로 판단하고 움직이죠. 그중에 개는 다른 동물들에 비해 이 두 가지 의식이 조금 더 진화했어요. 그래서 인간과 가장 가깝게 소통할 수 있는 겁니다."

"그러면 사람과 개의 의식에서 가장 큰 차이는 뭔가요?"

"각혼覺魂. 즉 진리를 깨달을 수 있는 의식은 오직 인간에게만 있어요. 그것이 우주로부터 인간이 받은 최고의 선물이자 축복입니다."

진리를 깨달을 수 있는 마음인 각혼. 그것은 인간만이 지니고 있는 가장 놀라운 신비다. 지구상에 사는 수많은 생명 중에 인간이 모든 것을 주도하고 이끌어 갈 수 있었던 유일한 힘도 각혼에서 나왔다. 진리를 탐색하고 우주의 신비에 대해 연구하며 삶을 성찰하는 힘. 그리하여 스스로의 인생을 계속 성장시키고 세상을 좀 더 아름다운 곳으로 바꾸기 위해 정성을 들이는 열정, 이 모든 것은 인간에게만 있는 각혼에서 나왔다.

"그런데 놀라운 사실 하나가 있어요. 이 각혼, 즉 진리를 깨달을 수 있는 위대한 의식이 지금 엄청나게 깨어나는 시대를 맞이했다는 것이죠."

"그럼 사람들이 영적으로 각성하고 깨어나는 시대라는 뜻인가요?"

"그렇죠. 새로운 시대, 가히 상상할 수도 없었던 엄청난 시대를 맞이하고 있어요. 일찍이 한반도에서 진리를 깨달아 성인이 되신 수운, 해월, 증산, 소태산 스승님들께서 말씀하신 후천개벽後天開闢의 시대입니다."

후천개벽의 시대는 과거와는 전혀 다른 새로운 문명을 말한다. 바람의 시대라고도 하는 이 시기는 지구의 에너지가 엄청나게 상승하고 바뀌는 대전환의 때를 말한다. 우리 삶의 모든 부분이 상상할 수 없는 속도로 바뀌고 있다. 세계 정세는 물론이고 전 지구적으로 완전히 판이 뒤집히고 있다.

그러면서 사람의 의식도 함께 깨어나고 있다. 잠들어 있던 각혼이 봄꽃처럼 활짝 피어나고 있다. 일찍이 스승님께서 예언하시고 선포하셨던 홍익인간 재세이화의 위대하고 경이로운 세상을 맞이하고 있다. 이런 시대의 핵심은 바로 진리와 마음이다.

진리를 사모하고 깨달은 높은 수준의 마음이 세상의 모든 것을 경영하고 창조하는 시대다. 높은 영성을 가진 사람들이 정치, 경제, 사회, 문화 등 인류의 모든 영역을 이끌고 지도하는 참 문명 세계다.

마음이 자유롭고 깊은 평화에 뿌리를 내린 사람들이 이 세상의 모든 차별과 억압을 물리치고 주인이 되는 진정한 평등 세계가 다가오고 있다.

서로 상생상화相生相和하고 생명을 존중하며 희망 속에 기쁨으로 충만한 사람들이 지구를 책임지는 성숙한 도덕 사회가 드러나고 있다. 이런 세상을 맞이하고 만들어 갈 사람들이 점점 더 빠른 속도로 태어나고 깨어난다는 사실 만으로도 나는 날마다 어깨춤을 추듯 즐겁고 설렌다.

"소장님은 왜 그렇게 정성스럽게 천도재를 지내세요?"

"영혼들이 빨리 모든 속박에서 벗어나 밝은 의식으로 이 세상에 다시 와서 참 좋은 세상 건설의 일꾼이 되고 진리의 빛을 온 누리에 전하라고……."

이 위대한 시대에 내가 영혼들을 깨우고 안내하는 소명을 받았다는 것에 나는 깊은 감동과 전율을 느끼고 있다. 점점 더 빠른 속도로 영혼들이 성장하고 그 힘으로 더 좋은 홍익인간 이화세계를 건설할 것이다. 그 거룩한 일에 내가 가장 선두에서 영혼들을 안내하고 빛의 존재로 다시 올 수 있도록 축복한다는 것 자체가 내 인생 최고의 행복이요 보람이다.

그래서 나는 오늘도 내가 할 수 있는 정성을 다해 천도재를 모시고 영혼들을 위해 축원한다.

"빛의 존재로 다시 오시어 진리의 세계! 하나의 세계! 상생의 세계! 평화의 세계를 건설하는 큰 인물들이 되시옵소서."

열반 전후에 후생 길 인도하는 법설

영가시여! 정신을 차려 부처님의 법문을 잘 들으소서.

이 세상에서 영가가 선악 간 받은바

그것이 지나간 세상에 지은바 그것이요,

이 세상에서 지은바 그것이 미래 세상에

또다시 받게 될 바 그것이니

이것이 곧 대자연의 천업이라.

부처와 조사는 자성의 본래를 각득하여 마음의 자유를 얻었으므로

이 천업을 돌파하고 육도와 사생을 자기 마음대로 수용하나,

범부와 중생은 자성의 본래와 마음의 자유를 얻지 못한 관계로

이 천업에 끌려 무량 고를 받게 되므로,

부처와 조사며 범부와 중생이며 귀천과 화복이며 명지장단을

다 영가가 짓고 짓나이다.

영가시여!

일체 만사를 다 영가가 짓는 줄로 이제 확연히 아시나이까.

영가시여! 또 들으소서.
생사의 이치는 부처님이나 영가나 일체중생이나 다 같은 것이며
성품 자리도 또한 다 같은 본연 청정한 성품이며
원만 구족한 성품이외다.
성품이라 하는 것은 허공에 달과 같이
참 달은 허공에 홀로 있건마는
그 그림자 달은 일천 강에 비치는 것과 같이
이 우주와 만물도 또한 그 근본은 본연 청정한 성품 자리로
한 이름도 없고, 한 형상도 없고,
가고 오는 것도 없고, 죽고 나는 것도 없고,
부처와 중생도 없고, 허무와 적멸도 없고,
없다 하는 말도 또한 없는 것이며,
유도 아니요 무도 아닌 그것이나
그 중에서 그 있는 것이 무위이화 자동적으로 생겨나,
우주는 성주괴공으로 변화하고 만물은 생로병사를 따라
육도와 사생으로 변화하고 일월은 왕래하여
주야를 변화시키는 것과 같이
영가의 육신 나고 죽는 것도 또한 변화는 될지언정 생사는 아니외다.
영가시여! 듣고 들으시나이까.
이제 이 성품 자리를 확연히 깨달아 알으셨나이까.

또 들으소서.

이제 영가가 이 육신을 버리고 새 육신을 받을 때에는
영가의 평소 짓던 바에 즐겨하여 애착이 많이 있는 데로 좇아
그 육신을 받게 되나니,
그 즐겨하는 바가 불보살 세계가 승하면
불보살 세계에서 그 육신을 받아
무량한 낙을 얻게 될 것이요,
또한 그 반대로 탐진치가 승하고 보면 그곳에서 그 육신을 받아
무량겁을 통하여 놓고 무수한 고를 얻을 것이외다.
듣고 들으시나이까.

영가시여! 또 들으소서.
영가가 이때를 당하여 더욱 마음을 견고히 하소서.
만일 호리라도 애착 탐착을 여의지 못하고 보면
자연히 악도에 떨어져 가나니,
한 번 이 악도에 떨어져 가고 보면
어느 세월에 또다시 사람의 몸을 받아
성현의 회상을 찾아 대업을 성취하고 무량한 혜복을 얻으리오.
영가시여! 듣고 들으셨나이까.

"가시는 듯 빛으로 오소서"

시작도 없이 끝도 없이
돌고 도는 우주의 물레방아
흐르는 듯 멈추고
물러선 듯 다시 가는
허공의 나그네여
가시는 듯 빛으로 오소서

가지가지 물결 마음
구름 속에 묻어 두고
굽이굽이 인생 사연
연기 속에 보내고저
하릴없는 긴 한숨 소리에
하늘 끝 손님이여
가시는 듯 빛으로 오소서

사랑했던 그 사람도
미워했던 그 멍에들도
서러워 눈물지어 베적삼을 지었어도
피고 지는 꽃이야
붉기도 푸르기도 지기도 하여이다
바람 속 그대여
가시는 듯 빛으로 오소서

천지가 드러난 날
나 여기 있소 외치었으니
알갱이 알갱이 소망을 품어
가슴을 채우는 기쁨의 무지개
생명의 환희와 벗을 삼고
변화의 축제로 단장을 하여
우레같이 번개같이
탄성을 질러대며
미소 띤 모습으로
가시는 듯 빛으로 오소서

내 이름을 불러주오

초판 1쇄 인쇄 2023년 12월 01일
초판 1쇄 발행 2023년 12월 11일
지은이 문은식

펴낸이 김양수
책임편집 이정은
교정교열 김현비

펴낸곳 도서출판 맑은샘
출판등록 제2012-000035
주소 경기도 고양시 일산서구 중앙로 1456 서현프라자 604호
전화 031) 906-5006
팩스 031) 906-5079
홈페이지 www.booksam.kr
블로그 http://blog.naver.com/okbook1234
페이스북 facebook.com/booksam.kr
이메일 okbook1234@naver.com

ISBN 979-11-5778-625-1 (03220)